Landschaften der
ALGARVE

ein Auto- und Wanderführer

Zweite Auflage

Brian und Eileen Anderson

Deutsch von

Andreas Stieglitz

SUNFLOWER
BOOKS

Für Barry und Doreen Boothman in Anerkennung ihrer zuverlässigen Unterstützung gewidmet

Zweite Auflage

Sunflower Books
12 Kendrick Mews
GB-London SW7 3HG

Erste Auflage 1991

ISBN 1-85691-073-3

Wichtiger Hinweis für den Leser

Wir haben uns in diesem Buch um fehlerfreie Beschreibungen und Karten zum Zeitpunkt der Drucklegung bemüht. Das Buch wird, sofern erforderlich, in künftigen Auflagen aktualisiert. Es wäre für uns sehr hilfreich, Ihre Verbesserungsvorschläge zu erhalten (bitte an den Verleger schicken). Wir verlassen uns auch darauf, daß die Benutzer dieses Buches — insbesondere Wanderer — die Landschaft mit Besonnenheit und Umsicht erkunden. An der Algarve kann sich so manches schnell ändern, **und Sturmschäden oder Straßenarbeiten können eine Strecke jederzeit gefährlich werden lassen**. Ist eine Route anders als hier beschrieben und erscheint Ihnen der weitere Weg unsicher, dann kehren Sie zum Ausgangspunkt zurück. ***Versuchen Sie niemals, eine Tour unter gefährlichen Bedingungen fortzusetzen!*** Bitte lesen Sie die Hinweise auf den Seiten 47 bis 55 sowie die einleitenden Planungshinweise zu Beginn einer jeden Tour (hinsichtlich Straßenzustand, Ausrüstung, Schwierigkeitsgrad, Streckenlängen, Dauer usw.). Gehen Sie mit ***Umsicht*** auf Erkundungstour und nehmen Sie dabei Rücksicht auf die Schönheit der Landschaft.

Umschlagfoto: Falésia, nahe Vilamoura
Fotos: Brian und Eileen Anderson
Karten mit Genehmigung des Instituto Geográfico e Cadastral, Lissabon, von John Theasby und Pat Underwood bearbeitet
Zeichnungen: Frances Winder
Druck und Einband in Großbritannien von The Devonshire Press Ltd, Torquay

Inhalt

Gekachelter Brunnen bei Fonte Grande, Alte (Wanderung 12, Picknick 12, Autotour 3)

Vorwort

Nach der Legende heiratete ein maurischer König eine skandinavische Schönheit und holte sie zu sich an die Algarve. Sie liebte es, nach den Sonnenstrahlen zu schauen, die am Abend die Berggipfel in goldenen Lichterglanz tauchen. Doch als der Sommer und schließlich der Herbst vergingen, kam der Winter, und sie wurde zutiefst unglücklich und verzehrte sich voller Sehnsucht nach dem Schnee ihrer Heimat. Aus Sorge um den unglücklichen Zustand seiner Geliebten ließ der König tausende und abertausende von Mandelbäumen in der Gegend anpflanzen. Noch heute ist das Land im Januar und Februar mit Mandelblüten bedeckt, deren zarte Farbschattierungen von rosa bis weiß wie weicher Schnee in den Niederungen liegen und die Konturen der Hänge nachzeichnen.

Unter dem »Schnee« liegt ein Teppich aus glänzendem Gold, wenn sich der Frühling mit der Blüte des Gelben Sauerklees ankündigt. In den Bäumen hängen Orangen, und es folgen Schwertlilien, Glockenblumen und sogar Wildorchideen im Überfluß. »Ist das die gleiche Algarve«, wird man sich fragen, »wie die Algarve der Hoteltürme, schönen Strände und einer so berühmten Küste, daß es sich nicht lohnt, noch mehr kennenzulernen?« Die Küste ist so schön, daß nur wenige Besucher nach mehr Ausschau halten — doch taten wir es und fanden eine Landschaft voller Reiz und Schönheit, die nur darauf wartet, entdeckt zu werden. Wir können zeigen, wie man sie zu Fuß aufspürt — ihre Blumen und Quellen, Gipfel und Geschichten, Wind- und Wassermühlen. Autotouren verschaffen den Überblick und führen zu wenig bekannten Sehenswürdigkeiten — wie dem riesigen Rosenkompaß *(rosa dos ventos)* auf dem unfruchtbaren Vorgebirge von Sagres, wo Prinz Heinrich der Seefahrer seine Schiffahrtsschule gründete, oder der maurischen Burg und der alten Römerbrücke bei Paderne.

Doch haben wir keineswegs die wunderschöne, zerklüftete Westküste vernachlässigt. Überall dort, wo sie noch unberührt und ursprünglich ist, haben wir sie in eine Wanderung einbezogen. Einige der herrlichsten und malerischsten Küsten der Algarve braucht man sich nur mit einigen anderen Glücklichen zu teilen, die auf den Küstenpfaden entlangwandern. Dann gibt es stille Buchten, wo man eine Verschnaufpause einlegen kann, um entspannt im Meer zu baden und vielleicht ein erfrischendes Glas mit gut gekühltem *vinho verde* zu trinken, bevor die Wanderung weitergeht.

An einem Mußetag kann man einmal ein Picknick in ländlicher Umgebung machen — unsere Vorschläge sind meistens mit einem kurzen Spaziergang verbunden. Einige Picknickausflüge führen in Dörfer wie zum Beispiel Alte, wo man Gelegenheit hat, eine alte Siedlung zu erkunden und einen kleinen Spaziergang am Flußufer zu machen. Oder aber man möchte in das ländliche Markttreiben eintauchen, um für einige kurze Stunden die Aufregung der Einheimischen, ihre Lebensgewohnheiten, Gebräuche und Kultur zu erleben, bevor wieder alles zu leeren Ständen wird.

Unabhängig davon, wie man seinen Urlaub verbringen möchte, bietet die Algarve etwas für jeden Geschmack. Wer lebhafte oder eher ruhige Urlaubsorte sucht, wird sie finden — doch mit Hilfe dieses Buches gelingt es mühelos, den Menschenmassen zu entfliehen. Wir laden unsere Leser dazu ein, mit uns gemeinsam die friedliche Stille und die traumhaften Landschaften mitten im Herzen der Algarve zu entdecken.

Danksagungen
An erster Stelle möchten wir der Portuguese National Tourist Office in London und hier ganz besonders Pilar Pereira für beträchtliche Hilfe und Unterstützung bei der Entstehung dieses Buches danken. Ein herzliches Dankeschön geht auch an folgende Personen:

Maria Elisabeta Máximo von dem Região de Tourismo do Algarve für ihre Anregungen; den Botanikern Graça Silva und Armando Moura vom Parque Natural da Ria Formosa für ihre freigebige Art, ihre Liebe und Kenntnis der heimischen Pflanzenwelt mit uns zu teilen, sowie dafür, daß sie so liebenswerte Menschen sind; dem Instituto Geográfico e Cadastral, Lissabon, für die Erlaubnis, ihre topographischen Karten zu reproduzieren; Richard Wylie von Dazer UK, der uns freundlicherweise mit »Hunde-Dazern« versorgte, äußerst wirkungsvollen und sehr nützlichen Ultraschall-Hundeabwehrgeräten (siehe Seite 51); und nicht zuletzt danken wir unseren Verlegern Pat Underwood und John Seccombe für ihr ständiges Vertrauen und ihre Unterstützung.

Hintergrundliteratur
Die allgemeinen Reiseführer über Portugal widmen der Algarve nur ein kurzes Kapitel. Meist werden die gleichen Themen behandelt, und man braucht zur Hintergrundinformation nur eine kleine Auswahl zu lesen.

Unterwegs

Die meisten Dörfer und Städte der Algarve liegen im Küstenbereich; dieses Gebiet besitzt daher gute öffentliche Verkehrsverbindungen. **Busse** pendeln auf der Hauptstraße (EN125) zwischen den verschiedenen Küstenorten hin und her. Die Busse fahren nach Fahrplan und halten in der Regel die Zeit gut ein. Es zahlt sich immer aus, einige Minuten vor der fahrplanmäßigen Zeit am Bus zu sein. Eine Auswahl nützlicher Fahrpläne für die EVA-Gesellschaft findet sich auf den Seiten 129-132.

Eine sehr nützliche **Bahnlinie** verläuft in fast voller Länge entlang der Algarve und verbindet Lagos im Westen mit Vila Real an der östlichen Grenze. Mit 45 Stationen auf dieser Strecke ist es eine sehr langsame Reise — insgesamt viereinhalb Stunden. Aber es ist auch eine lustige Art zu reisen und viel billiger als der Bus. Der vollständige Fahrplan ist zu lang und detailliert, um ihn in das Fahrplankapitel aufzunehmen, aber ein kurzer Auszug ist abgedruckt, der nützlich sein kann, um an den Anfangspunkt einiger Wanderungen zu gelangen. Vollständige Fahrpläne sind kostenlos an den meisten Stationen und bei den Tourist-Informationen erhältlich.

In den größeren Ferienorten gibt es genügend **Taxis;** sie sind insbesondere nützlich, um in die etwas abgelegeneren Gebiete zu gelangen. Das Taxometer wird gewöhnlich nicht eingeschaltet, und so ist es ratsam, vor Fahrtbeginn nach der Gebühr zu fragen. Nach unserer begrenzten Erfahrung verlangen die Taxifahrer ziemlich übereinstimmende Fahrpreise, die den Preisen für die Einheimischen entsprechen. Wer sich mit anderen Wanderern zusammenschließt, um die Fahrtkosten zu verringern, findet in Taxifahrten eine bequeme Möglichkeit, von den Hauptzentren hinaus ins Land zu gelangen. Die Rückfahrt muß in den meisten Fällen vorab arrangiert werden.

Die Grenzen des öffentlichen Nahverkehrs werden erst dann deutlich, wenn man in die abgelegeneren Dörfer und Gegenden des Landesinneren gelangen möchte — was für viele unserer Wanderungen erforderlich ist. Hier ist ein Leihwagen unverzichtbar. An der Algarve sind Leihwagen relativ preiswert, weitaus billiger als im restlichen Portugal und sehr beliebt. Hinweise zu Leihwagen und zum Autofahren auf den Seiten 17-19.

Ländliche Märkte

Für die Einheimischen sind Markttage eine aufregende Zeit. Es gibt Gelegenheit, ein Schnäppchen zu machen, örtliche Produkte zu erstehen, Waren zu kaufen, die normalerweise in den Läden am Ort nicht erhältlich sind, und vielleicht sogar Vieh zu kaufen oder verkaufen. Fast alles ist auf den größeren Märkten zu haben; solche mit einer großen Viehabteilung sind die eigentlichen »ländlichen Märkte«. Hier werden vorübergehend Bars und Imbißstände aufgebaut, wo die Männer viele ihrer Geschäfte besiegeln.

Nichts davon ist bloße Inszenierung für Touristen, so daß hier Gelegenheit besteht, aus erster Hand das normale Leben der Einheimischen zu beobachten und ihre Bräuche zu verstehen. Es ist wie ein Schnappschuß aus dem Leben. Man ist selbst versucht, zu kaufen; einige heimische Honigsorten sowie Bettwäsche und Frottierware sind ihren Preis wert. Wen beim Umherstöbern der Hunger überfällt, der probiere *filhos,* die wie Krapfenringe aussehen — aber achte darauf, daß sie heiß sind.

Die Märkte finden günstigerweise nach einem regelmäßigen Terminkalender statt, die meisten in monatlichem Abstand.

Wochenmärkte

Samstags: Loulé, São Bras — Mittwoch: Quarteira

14tägige Märkte

Dienstags (1. und 3. im Monat): Albufeira

Monatliche Märkte

1. Sonntag: Moncarapacho	1. Montag: Portimão
1. Freitag: Sagres	1. Samstag: Lagos
2. Sonntag: Estói*	2. Montag: Algoz*
3. Montag: Silves	3. Donnerstag: Alte
4. Samstag: Tunes	4. Montag: Messines

*Zwei der größeren Märkte — echte ländliche Märkte

Hinweise zum Natur- und Landschaftsschutz

Der erfahrene Wanderer weiß, wie er sich verhalten sollte; der unternehmungslustige Tourist kann aber unwissend Schaden anrichten, Tiere verletzten und sogar sein eigenes Leben gefährden. Man beherzige folgende Ratschläge:

- **Kein Feuer anzünden;** im Sommer ist alles strohtrocken. Zigaretten sorgfältig löschen.
- **Keine Tiere verängstigen.** Die Ziegen und Schafe sind nicht zahm. Durch Lärm, Anfassen oder Fotografieren können sie erschrocken davonlaufen und sich verletzen.
- **Leise** durch Bauernhöfe, Weiler und Dörfer gehen und die Tore im vorgefundenen Zustand belassen. Tore haben einen Zweck — normalerweise, um Tiere innerhalb oder außerhalb eines Gebietes zu halten. Man beachte, daß auch eine vorübergehend errichtete Absperrung — Reisig quer über dem Weg — dem gleichen Zweck dient und daher nach dem Über-queren wieder zurückgelegt werden sollte.

Korkeiche

- **Alle Wild- und Kulturpflanzen schützen.** Keine Wildblumen pflücken oder Jungbäume ausreißen; sie gehen noch vor der Rückkehr zum Hotel ein. Beim Fotografieren von Wildblumen darauf achten, wohin man tritt. Gemüse und Früchte sind offensichtlich Privatbesitz und sollten nicht angefaßt werden.
- **Nicht über Äcker gehen.**
- **Abfall wieder mitnehmen.**
- **Als Wanderer keine Risiken eingehen**, sich nicht übernehmen und **nicht** alleine wandern. Einer verantwortlichen Person — etwa dem Hotelportier — *immer* genau Bescheid sagen, wo die Wanderung verläuft und wie lange sie voraussichtlich dauern wird. Es kann viel Zeit vergehen, bis man gefunden wird, wenn man sich unterwegs verläuft oder verletzt! Außer auf kurzen Spaziergängen in Dorfnähe ist es ratsam, eine Taschenlampe, eine Trillerpfeife, einen Kompaß, eine zusätzliche Flasche Wasser und warme Kleidung mitzunehmen — sowie energiereiche Nahrung (z.B. Schokolade). Man lese sich auch den »wichtigen Hinweis für den Leser« auf Seite 2 und die »Verhaltensregeln für Wanderer« auf Seite 54 durch.

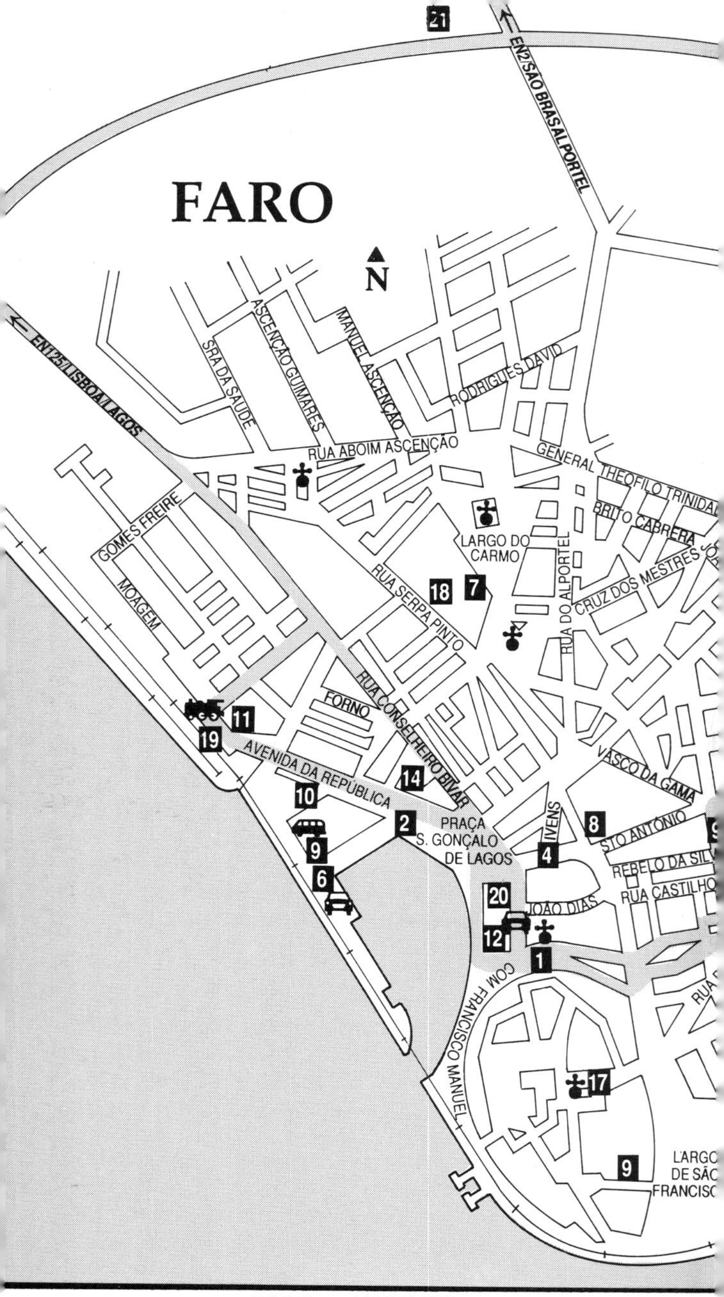

FARO — LEGENDE

1 Tourist-Information
2 Hauptplatz
3 Polizei
4 TAP-Büros
5 Hafen
6 Jachthafen
7 Telefon
8 Bankenviertel
9 Museen
10 Busbahnhof

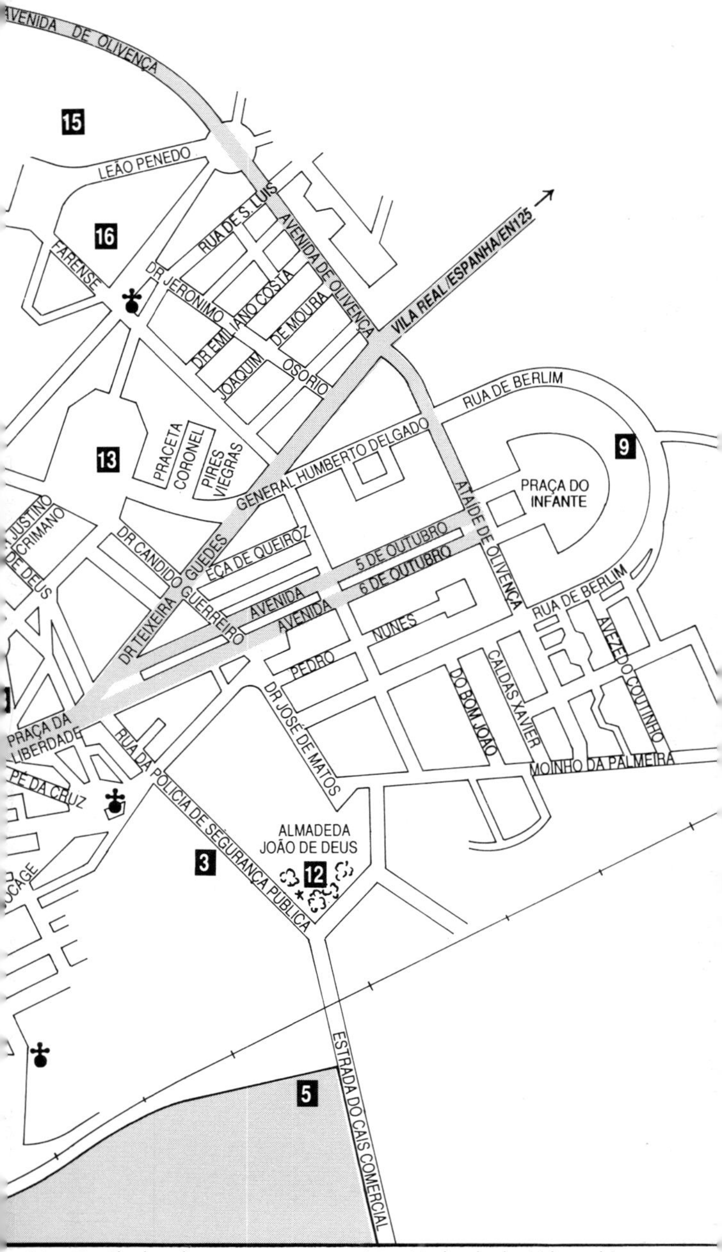

11	Taxihalteplatz	17	Kathedrale (Altstadt)
12	Parks	18	Post
13	Markt	19	Bahnhof
14	Zollamt	20	WC
15	Krankenhaus	21	Wasserturm (nahe der Straße nach São Bras)
16	Stadium		

Picknickausflüge

Die Strände der Algarve sind als Picknickplatz beliebt, doch gibt es viele schöne und etwas abgeschiedenere Stellen im Landesinneren. Nicht selten sieht man beim Autofahren kleine, baumbeschattete Rastplätze mit hölzernen und steinernen Tischen und Bänken.

Wir stellen eine Auswahl von Picknickplätzen vor — einige liegen auf unseren Wanderrouten, andere sind auf den Autotouren erreichbar. Einige liegen tief im Landesinneren, andere an abgelegenen Stränden (aber man bedenke, daß im Hochsommer *alle* Strände ziemlich belebt sind). Die meisten dieser Picknickstellen sind zu Fuß, mit öffentlichen Verkehrsmitteln oder dem Wagen leicht zu erreichen. Aufgrund ihrer abgelegenen Lage verlangen einige wenige einen etwas längeren Fußmarsch — aber der zusätzliche Aufwand lohnt sich.

Die nötigen Informationen, um zu diesen Picknickplätzen zu gelangen, finden sich auf den nachfolgenden Seiten. Die *Picknicknummern entsprechen den Nummern der Wanderungen* (die Picknickvorschläge auf Seite 16 mit vorangestelltem »AT« sind nur auf den Autotouren erreichbar). Die Gegend eines Picknickplatzes ist auf der großen Straßenkarte schnell zu finden (jedes Wandergebiet ist weiß eingerahmt). Wir geben auch Hinweise zur Anfahrt (🚌 = Anreise mit dem Bus; 🚗 = Anfahrt mit dem Auto), Länge des Fußweges, Aussicht und Umgebung. Neben der Überschrift steht ein Kartenverweis; der genaue Standort des Picknickplatzes ist auf der entsprechenden *Wanderkarte* mit dem Symbol ***P*** gekennzeichnet (die beste Stelle, um das Auto abzustellen, ist mit dem Symbol 🚗 markiert). Um schließlich die Suche nach einer ansprechenden Umgebung zu erleichtern, findet sich zu fast jedem Picknickvorschlag eine Abbildung.

Bei einem längeren Fußweg zum Picknickplatz empfiehlt es sich, **feste Schuhe** und einen **Sonnenhut** zu tragen (O verweist auf ein Picknick in **praller Sonne**). Eine Plastikunterlage kann besonders im Frühjahr sinnvoll sein, wenn der Boden noch feucht ist.

Die Fahrpläne für die Anfahrt mit dem Bus finden sich auf den Seiten 129-132, doch ist es empfehlenswert, sich aktuelle Fahrplan-Informationen an der Haltestelle oder bei der Tourist-Information zu besorgen.

Bei einer Anfahrt mit dem Leihwagen fahre man abseits der Hauptstraßen ganz besonders vorsichtig; oft stehen Kinder, Erwachsene und Tiere auf der Dorfstraße. Vorsicht beim Parken, damit Pflanzen und Blumen nicht beschädigt und Straßen oder Feldwege nicht blockiert werden.

An der Algarve gibt es gutsortierte, moderne Supermärkte,

und es bereitet keine Probleme, einen **Picknickkorb** zu richten. Portimão, Albufeira, Faro und Olhão bieten große Supermärkte mit eigenen Bäckereien und Fleischabteilungen, wo sogar Sonntags frisches Brot erhältlich ist. In den örtlichen Bäckereien kann man eine große Auswahl an frischem Brot bekommen: *pão seco* (eine Art Brötchen) ist ideal für ein Picknick. Auf dem Markt kann man *pepinos* (Gurken), *tomates* (Tomaten), *alface* (Salat), *pimento* (Paprika), *azeitonas* (Oliven; *verdes* = grün, *pretas* = schwarz), *iogurte* (Joghurt), *mel* (Honig), *queijo fresco* (sehr milder, frischer Ziegenkäse) und eine Vielfalt an Früchten der Saison erstehen. Käsescheiben und -stücke sind ohne weiteres erhältlich, aber es gibt nur eine begrenzte Auswahl. Käse ist in Portugal eher ein Luxusartikel und daher teuer.

Zu den portugiesischen Spezialitäten, die in Lebensmittelläden auch als Fertiggerichte erhältlich sind, gehören *rissois* (Rissole) und Croquetten. Außerdem gibt es eine Auswahl an Fleischgerichten und Würsten; *carne* = Fleisch, normalerweise *porco* (Schwein) oder *carneiro* (Lamm), sowie *peru* (Truthahn) und *frango* (Huhn). Außerdem haben wir kleine Dosen mit Sardinenpastete entdeckt, die für ein Picknick ideal sind ... aber Vorsicht mit der Sorte »piquant«, es sei denn, man mag es scharf. Außerdem wird eine reiche Auswahl an *bolos* (Kuchenstückchen) angeboten, da Kaffee und Kuchen eine wichtige Rolle im portugiesischen Alltagsleben spielen. Die Namen der Lebensmittel finden sich meist nur auf Portugiesisch, so daß ein kleiner Sprachführer wertvolle Dienste leistet.

Man denke nicht zuletzt auch an die Getränke. Es gibt eine große Auswahl an nichtalkoholischen Getränken, unter anderem Fruchtsäfte, aromatisierte Joghurt-Drinks und Mineralwasser. Als berauschende Erfrischung empfiehlt sich eine Flasche *vinho* (Wein). In Portugal ist eine große Palette an Weinen erhältlich, und zu den angenehmen Seiten des Urlaubes gehören wahrscheinlich die Kostproben. *Vinho verde* (»grüner Wein«, aber normalerweise weiß und etwas moussierend) ist eine gute Wahl für ein Picknick, aber ein Rosé oder ein leichter fruchtiger Rotwein sind genauso passend. *Saúde!*

1 LUZ — OBELISK (Karte Seite 58) ○

🚗 oder Taxi: 20Min zu Fuß. Auf dem Parkplatz bei Praia da Luz parken und den Hinweisen zu Wanderung 1 folgen.

🚌 25Min zu Fuß. Bus von Lagos nach Luz (Fahrplan 1); am Hauptplatz aussteigen. Hinuntergehen zur Uferpromenade, auf ihr nach links bis zum Parkplatz (5Min.); dann Wanderung 1 folgen.

Ein kurzer, steiler Aufstieg zu diesem guten Aussichtspunkt mit herrlicher Sicht (kein Schatten).

3a PONTA DA ALMADENA (Karte Seite 62) ○

🚗 oder Taxi: kein Anweg. Auf dem Parkplatz bei Ponta da Almadena hinter dem Café/der Bar parken — auf der Rückseite der linken Bucht, 2 km hinter Burgau auf der Straße nach Westen.

Fortsetzung auf Seite 14

35Min zu Fuß. Bus von Lagos nach Burgau (Fahrplan 1); dann den Hinweisen zu Wanderung 3 folgen.
Ausgedehnter Sandstrand auf der linken Seite der Bucht unterhalb des Kliffs. Wenig Schatten. Vor dem Café sandiges Spielgelände für Kinder.

3b EINSAMES FORT (Karte Seite 62, Foto Seite 65) ○

oder Taxi: 15Min zu Fuß. Parken wie bei 3a, dann Wanderung 3 ab der 35Min-Stelle folgen.
50Min zu Fuß. Bus wie bei 3a, dann Wanderung 3 bis zur 50Min-Stelle folgen.
Ein abgelegenes Fleckchen an der Abbruchkante des Kliffs. Etwas Schatten durch die Wände des Forts.

3c BOCA DO RIO (Karte Seite 62, Foto Seite 65) ○

oder Taxi: kein Anweg oder 27Min zu Fuß. Entweder bis direkt an die Bucht fahren oder parken wie bei 3a, dann Wanderung 3 von der 35Min-Stelle folgen. Alternative: Im Ortszentrum von Salema parken und Wanderung 3 in umgekehrter Richtung zur Boca do Rio folgen.
27Min zu Fuß. Bus von Lagos nach Salema (Fahrplan 2), dann Wanderung 3 in umgekehrter Richtung folgen.
Ein etwas steiniger, aber abgelegener Strand mit Relikten aus der Römerzeit und antiken Salzpfannen. Kein Schatten.

5 KLOSTERRUINE BEI MONCHIQUE (Karte Seite 73)

oder Taxi: 11Min zu Fuß. Auf dem Hauptplatz von Monchique oder in der Nähe parken und Wanderung 5 bis zum Kloster folgen.
11Min zu Fuß. Bus von Portimão nach Monchique (Fahrplan 3), dann Wanderung 5 folgen.
Ein wunderschöner Aussichtspunkt auf Monchique in waldiger Umgebung mit Korkeichen und Eukalyptusbäumen.

7a CALDAS DE MONCHIQUE (Karte Seite 73, Foto Seite 36)

oder Taxi: kein Anweg. Auf dem Parkplatz in Caldas parken. Siehe Wanderung 7.
kein Anweg. Bus von Portimão nach Caldas de Monchique (Fahrplan 3); im Zentrum von Caldas am Parkplatz aussteigen. Siehe Wanderung 7.
Angenehme schattige Gegend, wo man das Ambiente der antiken Bäder genießen kann.

7b SCHATTIGES FLUSSUFER (Karte Seite 73; Foto Seite 77)

oder Taxi: maximal 5Min zu Fuß. Entweder auf dem Parkplatz in Caldas de Monchique parken und Wanderung 7 folgen (5Min), oder durch Caldas durchfahren und am Ende des Einbahnstraßen-Systems nahe der Getränkefabrik am Straßenrand parken (siehe die 5Min-Stelle auf Wanderung 7).
maximal 5Min zu Fuß. Bus von Portimão nach Caldas de Monchique (Fahrplan 3); im Zentrum von Caldas aussteigen oder bis zu Getränkefabrik im Bus bleiben. Den Hinweisen zu Wanderung 7 entweder vom Beginn oder ab der 5Min-Stelle folgen.
Eine friedliche Gegend am Fluß; das durch die Bäume fallende Sonnenlicht schafft ein Spiel aus Licht und Schatten.

9 WINDMÜHLE VON SILVES (Karte Seite 81; Foto Seite 82) ○

oder Taxi: 32Min zu Fuß. Auf dem großen Parkplatz am Fluß unterhalb der Stadt parken und Wanderung 9 folgen.

Autotouren

Die Algarve ist eine faszinierende Gegend für Erkundungstouren und bietet die unterschiedlichsten Landschaften. Relativ kurze Strecken können aufgrund der kurvenreichen Straßen (oder ihres Zustandes) manchmal viel Zeit in Anspruch nehmen. Da es neuerdings eine Autobahn gibt, die Via do Infante (IP1), sind jetzt viele Teile der Algarve bequemer zu erreichen.

Obwohl es in der Küstenregion gute Bus- und Bahnverbindungen gibt, ist es nicht leicht, das Hinterland zu erreichen. Ein Leihwagen ermöglicht es, die abwechslungsreiche Landschaft mit der eigenen Geschwindigkeit kennenzulernen sowie Streifzüge abseits der vielbegangenen Pfade zu unternehmen. Die Straßenverhältnisse an der Algarve sind sehr unterschiedlich — von sehr gut bis praktisch unpassierbar; Fahrten dauern meist länger, als man vielleicht vermutet. Eine der besten **Straßenkarten** (obwohl nicht in jedem Detail stimmig) ist die von Turinta. Man sollte ihren Kauf in Erwägung ziehen, da auf der Straßenkarte in diesem Buch nur die Hauptstraßen bzw. Straßen, die auf Autotouren benutzt werden, verzeichnet sind.

Leihwagen sind außerhalb der Hauptsaison (April bis Oktober) recht günstig. Es empfehlen sich die bekannten Leihwagenfirmen, die eine Buchung und Bezahlung vor Reiseantritt ermöglichen. Diese Angebote schließen in der Regel sämtliche Steuern, Vollkaskoversicherung und unbegrenzte Kilometerzahl ein. Außerdem werden insbesondere außerhalb der Hauptsaison preiswerte Flug/Leihwagen-Kombinationen angeboten.

Man wähle den Leihwagen mit Bedacht aus, prüfe seinen Zustand vor der Übernahme und lese sich die **Geschäfts- und Versicherungsbedingungen** genau durch. Eine Vollkaskoversicherung ist unbedingt empfehlenswert. Schäden an Reifen (einschließlich Reifenpannen) und der Windschutzscheibe muß der Fahrer verantworten, daher vor Fahrtantritt sorgfältig prüfen (einschließlich Ersatzteilen). Jederzeit die Telefonnummer der Verleihfirma griffbereit halten und etwas Wasser, Verpflegung und warme Kleidung für den Fall einer Autopanne mitnehmen.

Das Tragen von **Sicherheitsgurten** ist Vorschrift, und außerhalb der Ortschaften richten sich die Einheimischen auch danach, doch scheint es eine unausgesprochene Übereinstimmung darin zu geben, daß dies in bebauten Gegenden nicht notwendig ist. Sicherheitsgurte immer anschnallen! Auch hinten besteht Gurtpflicht, und außerdem dürfen Kinder unter 13 nicht vorn sitzen.

Entlang der EN125 gibt es ziemlich viele **Tankstellen**, und viele sind die ganze Woche über geöffnet; einige große Ketten bieten einen 24-Stunden-Service an. In den ländlichen Gegenden gibt es nur wenige Tankstellen, viele davon Sonntags geschlossen. Eine Fahrt durch das Landesinnere sollte man mit vollem Benzintank beginnen. Besondere Benzinqualitäten: *super* erklärt sich von selbst, *gasoleo* bedeutet Diesel und *sem chumbo* = unverbleit (nur bei den großen Tankstellenketten erhältlich). Wasserstellen finden sich überall am Straßenrand. *Agua* = Wasser; *agua potavel* = Trinkwasser.

Vorsichtig fahren: Straßen werden (insbesondere in ländlichen Gegenden) als Gehweg angesehen. Ganz besonders auf Tiere und großrädrige Fuhrwerke achten. Man sei sich bewußt, daß sich sogar Hauptstraßen an Brücken und manchmal auch in kleinen Ortschaften fast ausnahmslos beträchtlich verengen; normalerweise sieht man keine Warnschilder.

Der allgemeinen Fahrpraxis fehlt die gewohnte Disziplin, insbesondere beim Überholen. Die EN125 entlang der Küste wird von den Einheimischen als Autobahn angesehen. Sie ist meist einspurig und besitzt einen breiten Randstreifen für Autopannen und sehr langsamen Verkehr, zum Beispiel Traktoren. Manche Fahrer überholen allerdings auch dann, wenn eigentlich nicht frei ist, weil sie wissen, daß der Gegenverkehr gezwungen ist, auf den Seitenstreifen auszuweichen. Allerdings gibt es auch gut ausgeschilderte Überholstellen. Häufig kommt es auch vor, daß ein Fahrer unvermittelt für ein Schwätzchen hält — selbst wenn er mitten im Verkehr steckt. Die Bedeutung des Zebrastreifens ist verwirrend, da es keine Warnhinweise für Autofahrer gibt. Straßenbauarbeiten werden nicht immer früh genug angekündigt, besonders, wenn sich der Verkehrsfluß durch die Baustelle lediglich verlangsamt.

Häufig finden Polizeikontrollen statt, daher sollten Fahrzeugpapiere, Führerschein und Paß immer griffbereit liegen, da ansonsten mit dicken Bußgeldern zu rechnen ist.

Man sollte sich wenigstens für die Straßenschilder ein kleines Fremdwörter-Glossar mitnehmen. Es bedeuten: ein Parkschild, auf dem ein »Kamm« mit Auto abgebildet ist = schräg zur Straße parken, um Platz zu sparen; *perigo* = Gefahr; *desvio* = Umleitung; *lombas* = Fahrbahnschwelle. (Die vielversprechende Inschrift »Património do Estado« auf vielen Gebäuden und Monumenten bedeutet ganz einfach »Staatseigentum«.)

Telefonzellen stehen in oder bei Postämtern; ansonsten können auch Telefone in Hotels, Restaurants, Bars und Läden benutzt werden (ihre Gesprächseinheiten können allerdings unverhältnismäßig hoch sein). Öffentliche **Toiletten** gibt es in den meisten Städten und fast immer in Markthallen sowie in Bus- und Eisenbahnhaltestellen, Restaurants, Cafés und manchen Tankstellen. Toilettenpapier selbst mitnehmen, da es nicht immer vorhanden ist.

Die **Beschreibungen der Autotouren** sind knapp gehalten und geben nur wenige geschichtliche und sonstige Informationen über die Ortschaften. Einige Broschüren sind bei den Tourist-Informationen erhältlich, und manchmal verweisen wir auf die ausführlicheren Wanderbeschreibungen, doch für weitergehende Informationen empfielt sich ein allgemeiner Reiseführer. Wir konzentrieren uns hauptsächlich auf Fahrthinweise: Fahrzeiten, Entfernungen, Straßenzustand, Aussichtspunkte und Pausen. In erster Linie verweisen wir auf mögliche **Wanderungen** und **Picknickausflüge**; detaillierte Informationen zu den Picknickplätzen auf den Seiten 12-16. Wer seine Füße vertreten möchte, findet bei den Hauptwanderungen auch Kurzwanderungen, die einen Vorgeschmack der Landschaften geben und Appetit auf mehr davon wecken.

Entlang der Küste der Algarve gibt es viele Touristenzentren, die alle leicht in die beschriebenen Autotouren einbezogen werden können. Wir beginnen zwei Touren im Osten (in Faro) und zwei Touren im Westen (am Kreisel der EN125 in Lagoa).

Man sollte viel **Zeit für Besichtigungen** einrechnen: die angegebenen Zeiten sind reine Fahrzeiten mit kurzen Unterbrechungen an den Aussichtspunkten (gekennzeichnet mit 📷). Die erwähnten Entfernungen sind *kumulierte km-Angaben* vom Ausgangspunkt. Die Legende zu den in den Beschreibungen benutzten Symbolen findet sich auf der Straßenkarte.

Wer nur für einen Tag ein Auto leihen möchte, dem empfiehlt sich Tour 1 — eine lange Fahrt, die einen repräsentativen Querschnitt von der windgepeitschten Küste bis zur ländlichen Klarheit der Serra de Monchique vermittelt. Wer nicht ganz so weit fahren möchte, der findet auf Tour 3 eine reizvolle und freundlichere Landschaft, unterbrochen von den faszinierenden Rochas da Pena und Soidos. Unsere Leihwagen zeigten auf dem Tacho meist nur ganze Kilometerstände an, so daß unsere Entfernungsangaben nicht bis auf die erste Stelle hinter dem Komma genau sind; bei manchen Entfernungen unter einem Kilometer mußten wir ungefähr schätzen. In Verbindung mit den anderen Hinweisen wird das aber keine Probleme bereiten.

Jeder Autofahrer sollte die Verhaltenshinweise für Wanderer und Autofahrer auf Seite 9 lesen und sich ruhig durch die Landschaft bewegen.

1 DIE WESTKÜSTE

Lagoa • Portimão • Lagos • Sagres • Aljezur • Marmelete • Silves • Lagoa

195 km; ca. 4 Stunden Fahrzeit. Beginn am Kreisel der EN125 in Lagoa Richtung Portimão (nach Westen).

Am Weg: Picknick (siehe Seite 12-16) 1, 3a-c, (5), 7a, 7b, 9, (10a, 10b) sowie die Barragem de Bravura und die Barragem do Arade; Wanderungen 1-9, (10)

Veränderlicher Straßenbelag verlangt vom Fahrer ständige Wachsamkeit. Selbst bei neuem Straßenbelag können Fahrbahnabsenkungen vorkommen, auf die häufig keine Warnschilder hinweisen. Die EN125 besitzt einen guten Straßenbelag und ist in größtenteils gutem Zustand. Die Straße zwischen Silves und Lagoa hat eine Fahrbahnerneuerung dringend nötig.

Auf dieser Tour besuchen wir den netten Ferienort Lagos und genießen die spektakuläre Küste, die immer noch einige ziemlich ursprüngliche Fischerdörfer besitzt. Das windgepeitschte Sagres, einst die Stadt Prinz Heinrichs des Seefahrers, ist heute bei den Fischer beliebt, die in schwindelnder Höhe gefährlich nahe am Rande der felsigen Kliffs stehen und ihre Angelleinen in die Wellen werfen. Wir folgen der Atlantikküste nordwärts, vorbei an einsamen Sandstränden. Dann besuchen wir die Burg in Aljezur, bevor wir in das Landesinnere mit seinen noch dramatischeren Landschaften schwenken und auf die höchste Bergkette der Algarve zufahren.

Wir beginnen die Fahrt am Kreisel der EN125 in **Lagoa** und fahren nach Westen Richtung Portimão. Gleich darauf kommt eine Linksabbiegung zu einem »Wasserrutschbahn«-Park, doch halten wir uns geradeaus auf der Hauptstraße. Wir biegen nach 5 km rechts nach Portimão ab (geradeaus geht es direkt nach Lagos über die neue Hängebrücke). Diese Straße führt unter der EN125 zurück und über die alte schmale Brücke in den Ort. Wir biegen sofort hinter der Brücke links ab in Richtung Zentrum von **Portimão** (10 km wc). Zum Parken fahren wir auf der Einbahnstraße weiter nach Süden und folgen auf der anderen Seite des Zentrums der Ausschilderung links nach Faro. Dies führt uns ein Stück den Fluß zurück, wo es Parkmöglichkeiten gibt. (Falls wir von hier aus direkt nach Lagos weiterfahren wollen, begeben wir uns zur alten Brücke zurück, überqueren diese aber nicht, sondern biegen links ab und folgen den Schildern in Richtung Lagos um wieder die EN125 zu erreichen.)

Wir verlassen Portimão in Richtung Süden auf der parallel zum Fluß verlaufenden Straße nach **Praia da Rocha** (13 km). Wir biegen nach Erreichen der Uferpromenade links ab und gelangen zu den Überresten des Forts von Santa Catarina aus dem 16.Jahrhundert. Es bewachte die Mündung des Arade, der einst bis Silves schiffbar war. An der Gabelung hat man einen guten Ausblick über den Fluß nach Ferragudo und auf das Fort von São João aus dem 17. Jahrhundert.

Von Praia da Rocha folgen wir der Küstenstraße westwärts

nach **Vau** und weiter bis zum alten Fischerdorf **Alvor** (18 km). Die Straße biegt jetzt landeinwärts und trifft nach weiteren 4 km (am Ende der Umgehungsstraße von Portimão) auf die EN125 (21,7 km). Wir biegen links ab und fahren weiter geradeaus durch eine liebliche Landschaft. In **Odiáxere** (32 km) verengt sich die Straße zwischen den Häuserzeilen. Im Ortszentrum kann man einen Abstecher nach rechts zum Barragem da Bravura (Picknick AT1) machen.

Wir nähern uns Lagos und erreichen bald die Brücke über die Ribeira de Bensafrim; weiß schimmert die Stadt an der gegenüberliegenden Küste. Unmittelbar hinter der Brücke befindet sich der Kreisel von Lagos. Wir biegen hier links nach **Lagos★** (36,2 km ╥✝⌂⌂⌂✕Δ☕Mwc). Wir fahren 1,3 km am Fluß entlang und finden Parkplätze sowie Parkmöglichkeiten am Straßenrand.

Wir bleiben auf der Küstenstraße, die hinter der Festung und um den rückwärtigen Teil von Lagos herum ansteigt und folgen der Ausschilderung Richtung Sagres. (Ponta da Piedade, Porto de Mós und Praia Dona Ana, die auf Wanderung 1 besucht werden (Foto S.58-59), sind nach links ausgeschildert.) Wir halten uns am Kreisel geradeaus (rechts geht es zurück nach Faro) und erblicken auf diesem Streckenabschnitt eine hübsche, sanftgewellte Hügellandschaft. Nach 39,5 km fahren wir an der Abzweigung nach Luz (✝⌂⌂⌂✕Δ ☕wc; Wanderung 1 und 2, Picknick 1) vorbei — das Dorf liegt 3,1 km links von der Straße. Hinter **Espiche** (nach 47,5 km) müssen wir auf die Linksabbiegung nach Burgau★ achten (⌂✕ ☕wc; Wanderung 3 und Picknick 3a-c). Burgau (Abbildung Seite 30) liegt 2 km abseits der Straße, und Ponta da Almadena (Picknick 3a) liegt weitere 2 km westlich. Jenseits der baumbestandenen Straße liegt *matos*-bedecktes Hügelland mit vereinzelten Feldern. Hinter **Vale de Boi** (50,5 km) wird die Landschaft wildromantisch. Kurz hinter **Budens** (51,5 km ╥) führt eine Linksabbiegung nach Salema★ (52,5 km ⌂⌂⌂ ✕ ☕wc; Wanderung 3; Picknick 3c), das 2 km unterhalb der Straße liegt.

Langsam erobert die aufgrund steter Winde niedrigere *matos*-Vegetation die Landschaft, und man findet immer weniger Anzeichen einer Besiedlung. Um **Raposeira** (58,5 km) dominieren riesige Weideflächen mit vereinzelten Bäumen im Landschaftsbild. Sie werden von einem grünen, gepflegten und sanftgewellten Hügelland abgelöst, bis die Hauptstraße (EN268) vor **Vila do Bispo** (60,5 km ✝✕) links nach Sagres

schwenkt. Das Fehlen von Bäumen (außer entlang der Straße) kündigt die windgepeitschte und rauhe Natur dieser schmalen Landzunge an, die in den Atlantik hinausragt.

Die imposante Fassade des Forts (Fortaleza de Sagres) nimmt bei der Anfahrt auf den Kreisel (69,5 km) die Landschaft ein. Zur Besichtigung müssen wir uns geradeaus halten (70,5 km). Es ist zwar möglich, mit dem Wagen bis ins Fort zu fahren, aber im Sommer kann es, wenn es betriebsam zugeht, problematisch werden, da der Zugang aus einem Tunnel in Wagenbreite besteht. Alternative: der große Parkplatz außerhalb. Im Inneren findet man eine riesige Kieselstein-Windrose *(rosa dos ventos)*, eine Kapelle und ein Museum. Man kann außerdem zum Leuchtturm von Sagres am Ende des Vorgebirges ( ) gehen und die Einheimischen beim Fischen an gefährlichen, überhängenden Felsen hoch über der See beobachten. Wir fahren zum Kreisel zurück und rechts nach **Sagres★** ( ). Gleich danach kommt rechts ein Platz mit netten Cafés, von wo aus es noch etwa 1 km hinunter zum Fischerhafen ist.

Wir fahren zum Kreisel zurück und weiter zum Cabo de São Vicente; die Straße führt durch niedriges Buschwerk direkt zum Leuchtturm am Kap. Obwohl die Naturgewalten versucht haben mögen, das Wachstum in dieser Ecke der Algarve zu dämpfen, wird der Botaniker dennoch über die vielfältige Pflanzenwelt überrascht sein, die zwischen niedrigen Büschen ihrer Entdeckung harrt. Kurz vor Erreichen des Leuchtturms steht rechts ein weiteres Fort, die Fortaleza de Beliche (78,5 km). Den **Cabo de São Vicente** erreichen wir nach 79,5 km. Das Gelände des Leuchtturms ist für die Öffentlichkeit zugänglich, und seine Position 9 Grad westlich von Greenwich weist es als einen der westlichsten Punkte Europas aus. Von diesem Aussichtspunkt können der Leuchtturm von Sagres und die dunkle, massige Gestalt des Forts deutlich gesehen werden. Vorsicht: Wenn es in der restlichen Algarve stürmt, sollte man diesen Ausflug verschieben, da diese Gegend selbst an guten Tagen windgepeitscht ist.

Wir fahren zum anderen Ende von **Vila do Bispo** (95,5 km) zurück und biegen links ab (EN268, ausgeschildert nach Aljezur und Lissabon). Die baumgesäumte Straße verläuft parallel zur Küste durch eine sanfte Hügellandschaft. Von **Carrapateira** (109,5 km), einem abgelegenen Flecken, zweigen kurz hintereinander links drei Wege zu fast unberührten Stränden ab. Grüne Flecken bewirtschafteten Landes strukturieren die niedrigen, *matos*-bedeckten Hügeln. Genau dort, wo sich der Straßenbelag etwas bessert, kommt bei **Bordeira** (113,5 km) eine Fahrbahnabsenkung. Im Frühjahr schimmern goldgelbe Lupinenfelder beiderseits der Straße,

die sich bergauf windet und nach einer linken Parkbucht (117,5 km) auf die Hauptstraße zwischen Lagos und Lissabon (EN120; 123,5 km) trifft. Nach der Einmündung auf diese Straße halten wir uns geradeaus (einige Windmühlen sind in der Landschaft zu sehen) und fahren links an einer weiteren Parkbucht vorbei (126,5 km).

Bei der Anfahrt auf Aljezur sieht man die Burg auf der Anhöhe oberhalb der Stadt. Wir fahren durch **Aljezur** (129,5 km ♜▲✕⛽📷☕wc) und folgen der Hauptstraße in großem Bogen nach rechts bis über eine Brücke. Hier parken wir links hinter der Brücke bei der Tourist-Information. Um zur Burg hinaufzusteigen (10 Minuten), überqueren wir den Fluß erneut auf einer Fußgängerbrücke und erreichen einen kleinen Platz. Vom Fluß abgewandt nehmen wir die gepflasterte Straße, die an der rechten gegenüberliegenden Ecke des Platzes ansteigt. Wir halten uns links durch die Altstadt von Aljezur, bis wir auf einen Weg stoßen und nach links zur Burg aufsteigen. Außer den Mauern, die von unten eindrucksvoll aussehen, ist nicht viel erhalten — eine gewölbte Zisterne und zwei Türme. Die Burg ist jedoch ein ausgezeichneter Aussichtspunkt; landeinwärts kann man in der Ferne die Foia erkennen, den höchsten Gipfel der Algarve (Wanderung 5).

Wir fahren vom Parkplatz weiter und biegen links nach Lissabon; gleich darauf kommt eine Verzweigung, an der wir rechts auf der EN267 nach Marmelete und Monchique fahren. Eine spektakuläre Strecke auf einer hochgelegenen Straße (📷), die sich stetig hinaufwindet und einen schmalen Kamm mit steil abfallenden Tälern überquert. Welliges, *matos*-bedecktes Hügelland verwandeln sich im Frühjahr zu einem Teppich aus weißen Blüten; in den Niederungen wird das Land bewirtschaftet (📷). Die Fahrbahn ist gut.

Nachdem es wieder bergab geht (142 km), sieht man rechts den Stausee Barragem da Bravura (📷) sowie den höchsten Gipfel mit seiner auffälligen Antennengruppe, die Foia. Bei **Marmelete** (145,5 km ✝) endet der neue Straßenbelag, und es setzt sich eine schmalere und holprigere alte Straße fort. Wir fahren an der Linksabzweigung nach Chilrão vorbei (151,5 km; Wanderung 4); Wälder sorgen nun für weichere Konturen in der Landschaft. Bei der Anfahrt nach **Casais** (154,5 km) öffnen sich die Bäume, die die Straße beschirmen, um den Blick nach rechts auf die Landschaft freizugeben.

Beim weiteren Eindringen in die Serra de Monchique ändert sich die Szenerie erneut: tiefe, terrassierte Täler schaffen ein alpines Bild (📷). Links oben liegt die Foia (Wanderung 5), und wir kommen an der Stelle (158,3 km) vorbei, an der Wanderung 6 die Straße kreuzt (ungefähr 200 m vor der Straßenverzweigung Monchique/Portimão).

Bei Erreichen der Hauptstraße (EN266; 158,5 km) biegen wir rechts nach Portimão ab; links würde man nach Monchique★ (✝▲✕⛽⊕☕wc; Wanderung 4, 5, 6, 8; Picknick 5) gelangen. Ausführliche Hinweise zu Monchique siehe Autotour 2. Nach 3 km fahren wir am »Miradouro das Caldas« (📷; rechts an der Straße) vorbei, ein guter Aussichtspunkt auf Caldas de Monchique. (Der Weg von Wanderung 7 beginnt an der Ecke unmittelbar vor Erreichen des Aussichtspunktes.)

Wir fahren auf einer guten Asphaltstraße in Serpentinen weiter abwärts. Wenn genügend Zeit für eine Besichtigung von Caldas★ (▲▲▲✕⛽⛩☕wc; Autotour 2; Wanderung 6 und 7; Picknick 7a und 7b) besteht, kann man nach weiteren 1,3 km rechts abbiegen. Aus unserer Fahrtrichtung ist auf diese einzige Zufahrtsstraße ins Ortszentrum von Caldas schwer abzubiegen, da sie spitzwinklig nach hinten abzweigt. Nach 162,2 km fahren wir an der nächsten Rechtsabbiegung (der Ausfahrt der Einbahnstraße durch Caldas) vorbei; hier besteht zugleich Zugangsmöglichkeit zur Thermalklinik und der Mineralwasserfabrik. Wer Wanderung 7 oder Picknick 7b machen möchte, kann hier drehen und am Ende der Einbahnstraße parken.

Weiter bergab gibt es eine große schattige Parkbucht auf der linken Seite (165,4 km), wo man weit entfernt von der Straße parken kann. Wenn man das Hügelland mit seinen waldigen Gegenden verläßt (168,9 km), verläuft die Straße zunehmend geradliniger Richtung Portimão.

In **Porto de Lagos** (175 km) biegen wir links auf die EN124 nach Silves ab (um schneller nach Lagoa zurückzukehren, fahren wir jedoch geradeaus, bis wir an der Stadtgrenze von Portimão auf die EN125 stoßen und biegen dann links nach Faro ab). Erfreuen wir uns der friedlichen Landschaft, die wir auf dieser guten, aber kurvenreichen Straße nach **Silves★** (185,9 km ✝Π▲✕⛽⊕⛩M☕wc; Wanderung 9; Picknick 9 und AT2) durchfahren. Wer in Silves Halt machen möchte (es liegt links oben), parkt am besten auf einem der Parkplätze an der Umgehungsstraße. Die näher an der alten Brücke gelegenen Parkplätze sind für einen Besuch des historischen Zentrums günstiger. Einzelheiten siehe Wanderung 9 sowie Abbildung Seite 82.

Die Fahrt zurück nach Lagoa führt rechts über den Fluß unterhalb von Silves (187,3 km); dann müssen wir nochmals nach rechts biegen. Die Straße zwischen Silves und Lagoa ist in schlechtem Zustand. Wir fahren am Bahnhof von Silves vorbei (188,9 km) und erreichen schon bald die Vororte von Lagoa. Aufmerksam müssen wir auf eine Linksabzweigung achten und links (ausgeschildert nach Faro) abbiegen. Wir folgen den Faro-Schildern und umfahren dabei Lagoa, um wieder auf die EN125 zu gelangen; nach rechts gelangen wir zum **Kreisel von Lagoa** (195 km) zurück. Dieser Weg ist einfacher, als durch das enge, geschäftige Zentrum von Lagoa zu manövrieren.

Unbekannte Algarve: Dieses wunderschöne, grüne und sanftgewellte Hügelland liegt zwischen Tavira und Cachopo (Autotour 4). Siehe auch Seite 32 und 34-35.

2 HINAUF IN DIE BERGE

Lagoa • Silves • Caldas de Monchique • Monchique • Foia • Lagoa

91 km; ca. 2 Stunden Fahrzeit: Beginn am Kreisel von Lagoa auf der Hauptstraße EN125 in nördlicher Richtung nach Silves.

Am Weg: Picknick (siehe Seite 12-16) 5, 7a, 7b, 9 sowie die Barragem do Arade; Wanderungen 4-9, (10)

Die Straße von Lagoa nach Silves ist in schlechtem Zustand, aber sie bessert sich von Silves nach Monchique gewaltig. Die Straße von Monchique zur Foia hinauf ist eng, aber breit genug für zwei Wagen. Wenn möglich, sollte man sich diese Tour für einen Tag aufheben, an dem man die Serra de Monchique von Lagoa aus deutlich erkennt, um die phantastischen Ausblicke wirklich genießen zu können.

Zu den Höhepunkten dieser unvergeßlichen Tour gehören die imposanten Relikte bei Silves, der maurischen Hauptstadt der Algarve — ein historischer Badeort, eingebettet in sanftes, grünes Laubwerk, der längst vergangene Zeiten lebendig werden läßt. Außerdem haben wir atemberaubende Aussichten vom höchsten Punkt dieser Tour, dem Foia-Gipfel.

Von **Lagoa** (✝▲✕⛽☕) folgen wir landeinwärts der Ausschilderung nach Silves. Der Straßenzustand ist bis Silves schlecht und sorgt für eine holprige Fahrt. Nach 5,9 km fahren wir am Bahnhof von Silves vorbei; anschließend führt die Straße zum Fluß unterhalb der Stadt hinunter, wo es eine gute Aussicht (📷) auf die Burg von **Silves**★ (✝Π▲✕⛽⊕⛩☕MWC; Wanderung 9 und Picknick 9; Abbildung Seite 82)

Windmühle bei Albufeira

Der schöne Blick von der Mühle bei Barreiras Brancas (Autotour 3; Picknick AT3b).

gibt. Am frühen Morgen und im Abendlicht glühen die Burgwälle rötlich. Wir biegen nach links über den Fluß und an einer Querstraße* wiederum links (7,5 km). Hier gibt es einen großen Parkplatz und weitere Parkplätze auf der rechten Straßenseite. Siehe Wanderung 9 für weitere Informationen zu Silves und eine Beschreibung, wie man ins Ortszentrum gelangt. Neben interessanten historischen Relikten und einem Museum lohnt der Besuch des Marktes in Silves mit seinen ausgezeichneten Frischprodukten. Er findet täglich fast genau gegenüber der alten Brücke statt.

Wir verlassen Silves und fahren nach Westen in Richtung Monchique. Beim Verlassen von Silves sieht man links das große Ausstellungszentrum, wo rund um das Jahr Veranstaltungen wie etwa das Orangenfest im März stattfinden; Einzelheiten sind bei der Tourist-Information erhältlich. Eine gewundene Straße führt nun durch eine hübsche ländliche Gegend, in der Orangen und Zitronen im Überfluß gedeihen. Sie ist ein Hauptanbaugebiet für Orangen, und auf dem Weg nach Monchique kommt man an vielen Ständen vorbei, die Orangen im Straßenverkauf anbieten. Nach 18,4 km stoßen wir auf eine große Querstraße und fahren nach rechts auf der EN266 Richtung Monchique und der Berge. Die vielen violettblühenden Judasbäume entlang der Straße sorgen im Frühjahr für einen Schuß Farbe. Genießen wir diese schöne Fahrt zu den Ausläufern der markanten Serra de Monchique, an bestellten Äckern vorbei und durch verstreute Ortschaften hin-

*Die Querstraße führt nach rechts in Richtung São Bartolomeu de Messines und zur Barragem do Arade (Picknick AT2). Diese Straße führt am »Cruz de Portugal« vorbei, einem Kreuz aus dem 16. Jh., das auf der linken Seite unmittelbar nach der nächsten Ausfahrt von Silves steht.

durch. Felder werden von Wäldern abgelöst, wo sich die Straße den Hang hinaufzuwinden beginnt (24,5 km). Eine wunderbare Fahrt an Tagen, an denen die Strahlen der Sonne durch die Bäume fallen und auf der Straße tanzende, schimmernde Schatten erzeugen. Wir fahren links an einer sehr großen, schattigen Parkbucht vorbei (28 km), bevor links die Ausfahrt von Caldas de Monchique kommt (29,2 km). Sie stellt den Zugang zur Thermalklinik und der Mineralwasserfabrik dar, ist jedoch zugleich die Ausfahrt der Einbahnstraße durch Caldas. Man kann für Wanderung 7 und Picknick 7b hier links einbiegen und nahe dem Ende der Einbahnstraße parken; ins Zentrum von Caldas sind es noch 5 Minuten zu Fuß. Um mit dem Wagen nach **Caldas de Monchique★** (WC; Wanderung 6 und 7; Picknick 7a und 7b) hineinzufahren, biegen wir in die nächste Straße nach links ein (29,6 km) und parken auf dem zentralen Parkplatz (30 km); wenn er belegt ist, fahren wir weiter und parken am Straßenrand stadtauswärts. Caldas (siehe Abbildung Seite 36) lohnt schon wegen seines historischen Ambientes einen Besuch. Es wurde zu einem unserer beliebtesten Zwischenstops für eine Kaffeepause.

Wir verlassen Caldas durch die Einbahnstraße und biegen nach links, um unsere Fahrt in Richtung Monchique fortzusetzen; kurz darauf kommen wir wieder an der Abzweigung vorbei, die links nach Caldas (31 km) hinunterführt. Nach weiteren 1,3 km erreichen wir links einen einzigartigen Aussichtspunkt auf Caldas, den **Miradouro das Caldas** (32,3 km). Ebenfalls links verläuft an der nächsten Ecke (32,6 km) der Wanderweg 6 und 7 hinunter nach Caldas. Der

Pfad dieser Wanderungen kommt bei km-Stand 32,8 von links.

Bei **Nave** (34,6 km) gibt es gegenüber einem Steinbruch (rechts) eine Linksabzweigung nach Marmelete, wir fahren jedoch geradeaus nach Monchique weiter. Bei der Einfahrt nach Monchique kommen wir unmittelbar nach einer Tankstelle (links) zu einer Kreuzung (36,6 km). (Wenn man rechts abbiegt, gelangt man über eine Asphaltstraße nach Alferce (16 km hin und zurück; ⊼) — eine schöne Strecke durch Waldland mit einigen ausgezeichneten Ausblicken (📷) auf das linke Tal.) An der Kreuzung fahren wir geradeaus weiter zum Platz des 5. Oktobers in **Monchique★** (✝▲✕⛽⊕☕WC; Wanderung 5, 6, 8; Picknick 5), wo man entweder links auf dem Platz oder rechts in einer Parkbucht parken kann. Es lohnt sich, den ersten Teil von Wanderung 5 bis zum Kloster zu machen. Man geht dabei durch das alte Monchique zu einem guten Aussichtspunkt (📷) hinauf, von wo aus man das Tal in Richtung des Picota-Gipfels überblickt (Wanderung 8).

Wir fahren weiter über den Platz und links hoch in Richtung Foia (38 km). An dem kleinen Kreisel, der bald erreicht ist, halten wir uns rechts. Die Straße steigt nun rasch an. Links öffnen sich phantastische Ausblicke (📷), während wir durch Eukalyptuswälder fahren. Wo der Pflanzenwuchs dünner wird (43,8 km), stehen links eine *fonte* und ein *miradouro:* Wanderung 4 beginnt gleich darauf am Weg, der als nächster links abbiegt. Die letzten 2 km zum Gipfel führen durch vorwiegend niedrige Heide und Zistrosen und bieten fast ununterbrochene Ausblicke (📷) auf die Landschaft zur Linken. Am **Foia**-Gipfel (✕📷☕) müssen wir uns links halten, um auf den Parkplatz zu gelangen. Leider beherbergt der Gipfel einen Wald aus Sendemasten sowie Andenkenläden. Man kann jedoch Wanderung 5 (Kurzwanderung 2) auf den ersten 10 Minuten folgen, um den schönen Ausblick vom Gipfel zu genießen, der auf Seite 70-71 zu sehen ist.

Wir kehren dann zur Hauptstraße zurück (EN266; 54,2 km), indem wir uns am Kreisel rechts halten, und biegen rechts in Richtung Portimão ab und fahren die Strecke der Herfahrt zurück nach **Lagoa** (91 km).

Dieses wunderschöne Tal begegnet uns auf Wanderung 11 (weitere Abbildungen Seite 88 und 90). Autotour 3 führt ganz in der Nähe vorbei, und es bietet sich ein Abstecher an, um das Tal kennenzulernen — zum Beispiel auf Kurzwanderung 11-1.

3 DÖRFER DES BARROCAL

Faro • Estói • Bordeira • Amendoeira • Salir • Alte • Paderne • Bouliqueime • Faro

106 km; ungefähr 2 Stunden 20 Minuten Fahrzeit: Beginn am Hafen von Faro (siehe Stadtplan Seite 10-11).

Am Weg: Picknick (siehe Seite 12-16) 12-15 sowie die Fonte de Benémola und die Barreiras Brancas; Wanderung 11-16

Die Landstraßen dieser Tour sind größtenteils in passablem Zustand, obwohl es auch Schlaglöcher und holprige Abschnitte gibt. Benzin ist im Landesinneren nicht so leicht zu bekommen wie an der Küste, daher am besten mit vollem Tank losfahren.

Öffnungszeiten:
Estói, Palastgärten: geöffnet 09.00-12.30, 14.00-17.30; Sonntag, Montag und an Feiertagen geschlossen
Ruinen von Milreu: geöffnet 10.00-12.30, 14.00-17.00; an Wochenenden und Feiertagen geschlossen

Ein rosafarbener Palast, römische Ruinen, eine maurische Burg, sanftgewelltes Hügelland und verschlafene Dörfer im Landesinneren bilden die faszinierenden Kontraste der zentralen Kalksteinzone der Algarve — dem Barrocal, das auf den Seiten 89 und 90 beschrieben wird.

Im Zentrum von **Faro** gibt es ein verwirrendes Einbahnstraßensystem; wer sich in der Stadt nicht auskennt (die völlig verstopft sein kann), ist besser beraten, sich auf den Außenstraßen zu halten. Wir können die Tour auf zweierlei Weise beginnen. 1) Wir fahren vom Hafen nach Osten in Richtung Altstadt und links herum weiter, von der Uferstraße weg und an der Tourist-Information (rechts) vorbei; im Einbahnstraßen-

Burgau (Autotour 1 und Wanderung 2) gehört zu den Fischerdörfern der Algarve, die ihren ursprünglichen Charakter trotz touristischer Entwicklung weiter ostwärts entlang der herrlichen Küste bewahrt haben.

Silves, die einstige Hauptstadt der Algarve, ist heute ein Zentrum des Orangenanbaus und ein schöner Ort, um die Fahrt zu unterbrechen (Autotour 1 und 2) oder Wanderung 9 zu unternehmen.

system halten wir uns dann rechts. Wir fahren nach links, um auf die Praça da Liberdade zu gelangen, und hier nach rechts, bis wir geradeaus auf die Avenida 5 de Outubro gelangen. Am Kreisel am Straßenende müssen wir links in die Ataide de Olivença einbiegen, uns auf dieser Straße halten und der Ausschilderung zum Krankenhaus folgen, bis wir zur EN2 kommen, die nach São Bras ausgeschildert ist. Hier biegen wir kurz vor einem großen gelbweißen Wasserturm (rechts) nach rechts ab (2 km). 2) Als Alternative können wir von Faro der Ausschilderung nach Westen zum Flughafen auf der EN125 folgen und an der Ampel an der Ringstraße rechts Richtung Spanien und Krankenhaus abbiegen. Unmittelbar nach dem linken, gelbweißen Wasserturm müssen wir links auf die EN2, ausgeschildert nach São Bras und zur Autobahn IP1, abbiegen.

Welche Ausfahrt man auch wählt — die EN2 führt uns schnell heraus und über die Ebene zu den Gebirgsausläufern der Algarve und zur Rechtsabzweigung nach São Bras und Estói. Wir biegen nach 10 km rechts nach Estói ab und wieder rechts an der kurz darauffolgenden Kreuzung. Bei den Ruinen von **Milreu** (10,2 km Π) biegen wir links zu dieser Stätte ab, um zu parken (siehe Wanderung 16 für weitere Hinweise zu dieser archäologischen Grabungsstätte). Wir verlassen Milreu, biegen nach links und erreichen **Estói★** (11,1 km ✝☕wc), wo wir links auf dem Platz parken. Wenn man den Hauptplatz betritt, sieht man links oben die Palasttore. Sie führen in die Gärten (Foto Seite 113), die aufgrund ihrer Fremdartigkeit einen Besuch wert sind, während der Palast selbst der Öffentlichkeit nicht zugänglich ist. Wer sich das Äußere der Palastanlage gerne genauer ansehen möchte, geht rechts vom Tor Stufen empor und biegt dann zweimal hintereinander nach links.

Um auf dem gleichen Weg zur Hauptstraße nach São Bras zurückzukehren, biegen wir unmittelbar hinter der Brücke an der kleinen Kreuzung rechts ab. Wir fahren rechts an einer Tankstelle vorbei, kurz bevor wir auf die Hauptstraße EN2 treffen und rechts abbiegen (12,3 km). Gleich darauf (12,4 km)

Bauernhaus an der Straße zwischen Tavira und Cachopo; siehe auch Seite 25 und 34-35 für weitere Abbildungen dieser bezaubernden Gegend (Autotour 4).

nehmen wir die Linksabzweigung, ausgeschildert nach Bordeira. Eine schöne Strecke über gewundene Landstraßen und durch eine wunderschöne, ländliche Gegend ähnlich der, die auf Seite 110-111 zu sehen ist, führt uns langsam in eine sanftgewellte Hügellandschaft (📷). Gleich hinter einen scharfen Linkskurve treffen wir auf eine bedeutsam aussehende Kreuzung (19 km) und fahren geradeaus weiter zur Hauptstraße Loulé/São Bras (EN270; 20 km). Wir biegen zunächst nach links und gleich darauf rechts auf eine Landstraße

Die Algarve bietet gute Möglichkeiten, Vögel zu beobachten. Ideal ist das Naturschutzgebiet bei Castro Marim; Wanderung 20 führt mitten hinein. Die Aufnahme entstand auf dieser Wanderung; die eigentliche Burg (Picknick 20) ist im Hintergrund zu sehen.

In den alten Salzpfannen und Salinen der verschiedenen Küstenabschnitte halten sich große Populationen von Watvögeln auf. Auch der Parque Natural da Ria Formosa eignet sich gut zur Vogelbeobachtung, und die Behörden bieten Bootsfahrten im Gebiet der Sandbänke an.

Weitere interessante Feuchtgebiete liegen an der Küste zwischen Albufeira und Armação de Pêra, dem Mündungsdelta von Lagos bis Silves sowie der Gegend bei Salema (siehe Wanderung 3).

Folgende Seite: die Landschaft bei Cachopo (Autotour 4); siehe auch Seite 25 und 31.

ab (ausgeschildert nach »São Romão« und »Alportel«). Es geht durch **São Romão** hinauf und zu einer Verzweigung (21 km), an der wir links nach Amendoeira fahren. Je weiter wir ins Landesinnere vorstoßen, desto mehr wird der ländliche Charakter von dem eines Ödlandes abgelöst. *Matos*, unterbrochen von kleinen Flecken bebauten Landes, herrscht immer mehr vor, während wir uns **Amendoeira** (24 km) nähern. Wir stoßen auf die Hauptstraße Loulé/Barranco do Velho (EN396; 27 km), biegen rechts ab und bleiben noch ein kurzes Stück, bis hinter **Porto Nobre** (28 km), auf dieser von Kiefern gesäumten Straße, die fast das Gefühl heraufbeschwört, in den Alpen zu sein. Nach 30 km biegen wir links nach »Querença« und »Tor« ab und fahren kurz danach an der Linksabzweigung nach Querença geradeaus weiter. Wir halten uns auf der Straße Richtung Tor, bis wir (32 km) rechts nach »Alte« und »Lissabon« biegen. (An dieser Stelle kann man 1 km weiterfahren, falls die Fonte de Benémola besucht werden soll — Picknick AT3a; siehe Rundwandervorschlag auf der nächsten Seite.) Es kommt nun eine weitere kurvenreiche Straße, die sich durch die sanfte Hügellandschaft windet, an Mandelbaumhainen vorbei (Foto Seite 105) und durch Ortschaften (📷). Vorsicht: Auf dieser Strecke gibt es scharfe Kurven. Wanderroute 15 stößt bei km-Stand 37,1 von links auf die Straße und verläuft 400 m auf ihr, bis sie links auf einen Feldweg abschwenkt. Wir erreichen die Hauptstraße, die EN124, zwischen São Bartolomeu de Messines/Barranco do Velho (38 km) und biegen nach links.

Wir fahren zunächst in Richtung Salir und kommen an der

FONTE DE BENÉMOLA Rundwanderung für Autofahrer

Tief im Landesinneren verborgen liegt ein wenig bekanntes, schönes Fleckchen an einem Fluß, die Fonte de Benémola. Ein kurzer Spaziergang von ungefähr 3,5 km Länge und etwa 40Min Dauer hin und zurück führt zu diesem Ausflugsziel — oder 50Min, wenn man den ganzen Rundwanderweg gehen will.

Wir folgen den Hinweisen zu Autotour 3 bis zur 32 km-Stelle auf der EN524, wo wir geradeaus nach Tor weiterfahren, statt rechts abzubiegen. Wir halten nach etwa 1 km rechts nach einem Weg Ausschau, ausgeschildert zur »Fonte de Benémola«. Abseits der Straße können wir an einem verlassenen Haus parken — oder am Straßenrand.

Wir folgen dem Weg auf der Seite eines flachen Tals hinab. (Die Einheimischen befahren ihn, aber wir möchten das nicht empfehlen.) Das tiefgrüne Laub der Orangenbäume und die gepflegten Gärten auf der linken Seite stehen in starkem Gegensatz zum Buschwerk auf der rechten Seite. Doch gerade im Schutze dieses Buschwerks gedeihen zahlreiche Wildblumen, darunter *Astragalus lusitanicus* mit ihren cremegelben, erbsenähnlichen Blüten, die

gelbe *Anemone palmata* und einige Orchideenarten. An einer Wegverzweigung (**10Min**) gehen wir links hangabwärts und zum Bach hinunter, wo wir im Schatten des Laubes ein romantisches Plätzchen finden. Wir überqueren eine Brücke über den Bach; dahinter verzweigt sich der Weg und wir biegen nach links (**12Min**). An der nächsten Wegverzweigung (knapp **14Min**) müssen wir uns links halten und rechts am Fluß entlanggehen, bis nach **20Min** die »Fonte« und das Picknickgebiet erreicht sind. Es ist möglich, das Gebiet weiter stromaufwärts zu erkunden, wo der Fluß durch eine kleine Schlucht fließt.

Wir gehen weiter, überqueren den Steg und laufen links auf dem Weg stromabwärts. Der Fluß bleibt links liegen; wir dürfen uns nicht nach rechts entfernen. Direkt unterhalb des Rückwegs sitzt meist ein Korbmacher vor seiner Hütte und verkauft Körbe unterschiedlicher Größe zu günstigen Preisen. Wenn man an einer Brücke auf der EN524 herauskommt, geht man nach links über die Brücke und folgt der Straße links herum zum Auto zurück (etwa fünf Minuten). Ansonsten kann man auch den gleichen Weg zurücknehmen.

Caldas de Monchique — ein reizender alter Kurort und zugleich eines unserer Lieblingsplätzchen für eine Kaffeepause (Picknick 7a, Wanderung 6 und 7, Autotour 2). Man findet zahlreiche Andenkenläden, Restaurants und Bars, doch gibt es ausgedehnte, bewaldete Picknickplätze und stille Fußwege in der Nähe.

Stelle vorbei, an der Wanderung 15 von links auf die Hauptstraße trifft (38,5 km) und auf dem Weg nach rechts weiterführt (38,9 km). (Die kurze Variante von Wanderung 15 quert die Straße bei km-Stand 39.) Vor uns liegt der weiße Wasserturm von Salir, während wir an verstreuten traditionellen Häusern vorbeifahren. Nach 42 km nehmen wir die Linksabbiegung hinauf nach **Salir** (✝✕📷☕; Picknick 15); sie ist nach Loulé ausgeschildert und erscheint erst, wenn man fast durch das Dorf hindurch ist. Diese Straße führt hangaufwärts und umgeht das Dorf, das links liegt. Wir folgen der Straße, kommen an einer Linksabbiegung ins Zentrum vorbei und parken am Straßenrand, wo er ziemlich breit ist, etwa 0,9 km von der Hauptstraße entfernt. Wir gehen zu Fuß links ins Dorf hinauf, um das Zentrum zu erkunden (Foto Seite 39) und können die Umgebung von Picknick 15 genießen. Wer Wanderung 15 unternehmen möchte, sollte die breite Straße etwas weiter fahren, um zu parken — etwa 1,3 km von der Hauptstraße entfernt (unmittelbar vor der Querstraße und einer Rechtsabbiegung hinunter nach »Ponte de Salir/Loulé«). Weitere Informationen zu Salir siehe Wanderung 15, Seite 105.

Zur Weiterfahrt kehren wir auf dem gleichen Weg zur Hauptstraße EN124 zurück und fahren links weiter. Der gewaltige Gebirgskamm der Rocha da Pena (📷) auf der rechten Seite ist nicht zu übersehen (Wanderung 14). Nach 48 km liegt abseits der Straße rechts das Dorf Pena (☕), Ausgangspunkt von Wanderung 14 und Picknick 14. Da es in Pena nicht genügend Parkplätze gibt, sollte man, falls man hier Halt machen möchte, das Auto am äußersten Rand der Hauptstraße parken. Bald erreichen wir **Benafim** (⛽) (51 km), und hier verengt sich die Straße zwischen den Häusern. Der Rückweg unserer Tour führt uns später über die schmale, links abzweigende Straße — wir sehen sie nach 55,8 km, genau vor einer überraschenden, scharfen Rechtskurve.

Nach 56 km erreichen wir die Gemeindegrenze von Alte; rechts zweigt eine Straße ab, die direkt zur Fonte Grande (Picknick 12) führt. (Die Haupttour führt zuerst nach Alte und dann zur Fonte Grande, wer aber sofort dort hinfahren möchte, kann hier rechts abbiegen, der Straße folgen und eine Brücke überqueren. Man gelangt zur ersten großen Quelle mit einer kleinen Picknickstelle auf der rechten Seite. Das weitaus größere Picknickgebiet mit Quelle (Picknick 12; Abbildung Seite 93) und besseren Einrichtungen liegt rechts hinter und oberhalb der ersten Quelle.)

Doch zuerst erkunden wir Alte, indem wir an der Abzweigung zur Fonte Grande vorbei weitere 0,7 km auf der Hauptstraße fahren. Die Straße verläuft unterhalb des Dorfes, das sich rechts erhebt, und wir überqueren eine Brücke, an der eine alte Mühle und einige Wasserfälle zu sehen sind. Wir biegen in die nächste Straße rechts ein, während die Hauptstraße eine Rechtsbiegung macht, und gelangen direkt ins Zentrum von Alte, dem Ausgangspunkt von Wanderung 12. Nach 200 m kommen wir an der Linksabzweigung hinauf nach Santa Margarida (📷 und Wanderung 11, abgebildet auf den Seiten 28-29, 88-89, 90-91) vorbei. In **Alte★** (✝▲✕⛩📷 ☕) sollte man gleich dort parken, wo die Straße breit ist (in

Korkeiche

der Gegend des Fischmarktes), und zu Fuß geradeaus weiter ins Zentrum laufen. Links stehen die Steintheken des Fischmarktes, und nach rechts hat man einen guten Blick auf die Landschaft. Anschließend fahren wir geradeaus ins Zentrum auf die Kirche zu und rechts an ihr vorbei. Wir folgen der Ausschilderung »Fonte« nach rechts durch sehr schmale Dorfgassen; die Straße macht alsbald eine Linksbiegung und führt zur Brücke und *fonte*. Wir fahren geradeaus weiter, um zur großen Picknickanlage zu gelangen.

Wenn man Alte zur Weiterfahrt verlassen möchte, kehrt man zur Hauptstraße zurück (59 km) und biegt nach links. Wir haben an dieser Stelle 3 km zur Gesamtstrecke hinzugezählt, und wir verlassen Alte auf der Seite von Santa Margarida. Vorsicht bei der Ausfahrt von Alte auf dieser Seite, da die Straßenverzweigung in einer Kurve liegt, die die Sicht (insbesondere für Linksabbieger) behindert. Wir fahren unsere Route zur 55,8 km-Stelle zurück, unmittelbar hinter einer scharfen Linkskurve, und biegen rechts auf eine schmale Asphaltstraße ein (59,9 km). Die Straße führt nun durch das flache Tal südlich von Alte mit seinem niedrigen Pflanzenbewuchs und schönen Ausblicken (📷) auf die Landschaft. Nach 61,6 km halten wir uns an der Verzweigung rechts. Im Dorfzentrum von **Monte Brito** ist an der rechtwinkligen Straßenbiegung Vorsicht geboten, da man nicht um die Ecke sehen kann. Während man dann auf einem geraden Straßenstück fährt, hat man leicht das Gefühl, auf einer Hauptstraße zu sein, doch Vorsicht: nach 65,2 km mündet rechts eine Straße ein, vor der wir ein Stoppschild beachten müssen — ohne irgendwelche Fahrbahnmarkierungen. Aufgrund des umgebenden Laubes ist das Schild häufig verdeckt. Wir fahren geradeaus weiter und biegen nach etwa 1 km rechts ab. Es geht jetzt quer durchs Land nach Paderne, dessen Kirchturm und Häuser in der Ferne deutlich erkennbar sind.

Wir erreichen **Paderne★** (69 km ✝⊕☕) und halten uns auf der Straße, die den Ort rechts umgeht, bis wir auf die Hauptstraße stoßen. Hier fahren wir rechts bergab und treffen auf die Straße nach Bouliqueime, halten uns rechts und fahren rechts am Friedhof vorbei — oder parken gegenüber auf dem Parkplatz des Stadions, um Paderne

Orangenhaine auf der Fahrt zum Monte São Miguel hinauf (siehe Seite 46).

Diese schmale Gasse führt durch das hübsche Dorf Salir zu den Burgwällen (Autotour 2, Picknick 15, Wanderung 15). Ein für die Algarve typischer Kamin ist ebenfalls zu sehen.

zu erkunden. (Man parkt hier außerdem für Wanderung 13 und Picknick 13, die auf Seite 97 abgebildet sind.) Wenn wir noch etwas weiterfahren, führt links eine Straße hinunter zur »Fonte« und zur Burg von Paderne.

Zur Rückkehr nach Faro drehen wir um und fahren in Richtung Bouliqueime, vorbei an der Straße, die aus dem Zentrum von Paderne herabführt. (Wer nach Albufeira und Umgebung zurückkehren möchte, sollte jetzt 500 m weiter

bis zur Hauptstraße EN270 bei Purgatório fahren und links abbiegen.) Die Straße ist schmal, doch die Landschaft entlang dieser Route ist sehr schön. Wir erreichen **Bouliqueime** und biegen links auf die EN125 (79 km) in Richtung Faro ab. Nach 102 km kommt die Rechtsabbiegung zum Flughafen. An der Ampel auf der Ringstraße von Faro (104 km) können wir links nach »Espanha« und »Olhão« abbiegen (oder geradeaus ins

Dieser außergewöhnliche Strand wird auf Wanderung 10 gestreift; er liegt zwischen den Picknickgebieten 10a und 10b.

Zentrum von Faro fahren). An der nächsten Ampel müssen wir rechts abbiegen und am Bahnhof nach links fahren, am Busbahnhof vorbei. Nach 106 km erreichen wir **Faro**.

➤ BARREIRAS BRANCAS ⛟ Rundwanderung für Autofahrer➤

Eine sehr kurze Wanderung von 4 km Länge und etwa 45Min Dauer für den, der in der Gegend von Loulé unterwegs ist. Um hinzukommen, fahren wir am zentralen Kreisel in Loulé nach Norden (den Kilometerstand festhalten), rechts an einer Bushaltestelle vorbei. An der Kreuzung vor dem Monument biegen wir rechts nach »Querença« ab. Wir kommen auf die Straße nach Barranco do Velho, wo wir nach der Fahrt durch eine Zypressenallee einen Parkplatz suchen — genau vor Beginn einer ähnlichen Allee (3 km außerhalb von Loulé). Wir parken neben einer kleinen Baustelle und gegenüber einem Café. Unser Ziel ist eine Windmühle auf einer Anhöhe.

Wir beginnen die Wanderung an der Baustelle, indem wir den rechten Weg zwischen dem linken Werk und dem rechten Haus hinuntergehen. Er führt zwischen Orangenhainen zu einer Brücke, auf der wir einen Bach überqueren (**2Min**). Wir gehen geradeaus weiter, vorbei an den beiden rechten Wegen, die wir zu Beginn des Aufstiegs sehen. Wir biegen rechts in einen von Mauern gesäumten und gelb markierten Weg ein (**7Min**). Wir achten links nach einem schmaleren, von Mauern eingefaßten Pfad, der nach zwei Minuten kommt; er führt uns gemächlich auf die Anhöhe. Hier wachsen die Breitblättrige Sumpfwurz *Epipactis helleborine* und die leuchtend-gelbe *Anemone palmata*. Nach **12Min** mündet der von Mauern eingefaßte Pfad in einen Weg; wir gehen geradeaus weiter. Beim weiteren Aufstieg erblickt man rechts Loulé und dahinter das Meer. Nach **14Min** an einer asphaltierten Straße angelangt, biegen wir links in Richtung der Windmühle ab und halten uns nach knapp einer Minute geradeaus auf einem sehr holprigen Weg (die Straße schwenkt nach rechts). An der nächsten Verzweigung biegen wir oberhalb des runden weißen Wasserbehälters links ab. Nach **16Min** teilt sich der Weg (rechts geht es zu einem kleinen Steinbruch); wir gehen links weiter, bis auch dieser Weg alsbald endet. Hier führt ein Pfad durch die rechte Steinmauer zur Windmühle hinauf (**18Min**). Von diesem Standort hat man einen herrlichen Rundblick (siehe Seite 27).

Wir verlassen die Mühle von der Tür aus und folgen dem Pfad, der in Richtung Loulé verläuft. Kurz danach erreichen wir ein Feld, wo wir hinuntergehen, um unten auf den Querpfad zu gelangen (2Min). Nach rechts biegen und unterhalb der Windmühle entlanggehen. Geradeaus weitergehen, wo der Pfad in eine asphaltierte Straße mündet. Wir folgen der abfallenden Straße, die sich ein kleines Stück mit dem Hinweg vereinigt, bis wir 11Min nach der Mühle auf eine Gabelung treffen. Wir folgen der Asphaltstraße nach rechts und genießen die ländliche Gegend. Einen breiten Feldweg überqueren und nach 3Min auf einem von Mauern eingefaßten Weg weitergehen. Nach 5Min sehen wir den zweiten von zwei Pfaden, der (von Mauern gesäumt) rechts abzweigt: auf ihm sind wir zur Mühle hochgegangen. Bald darauf nach links biegen, um dem Hinweg zurück zum Auto zu folgen.

4 HÖHEPUNKTE IM OSTEN

Faro • Olhão • (Tavira) • Vila Real de Santo António • Castro Marim • Cachopo • Barranco do Velho • São Bras de Alportel • Faro

175 km; ca. 3,5 Stunden Fahrzeit: Beginn am Hafen von Faro (siehe Stadtplan Seite 10-11).

Am Wege: Picknick (siehe Seite 12-16) 17, 20; Wanderungen 16-20

Nach Verlassen der EN125 werden die Straßen landeinwärts kurvenreicher mit gelegentlich holprigen Abschnitten. Man sollte mit vollem Benzintank in das Hinterland um Cachopo aufbrechen.

Vila Real ist eine belebte, am Flußufer gelegene Ortschaft und nur durch eine kurze Fährverbindung von Spanien getrennt; in der Nähe finden wir die friedlichen Ruinen einer Burg aus dem 14. Jahrhundert, die von vergangenem Glanz und früherer Bedeutung künden. Diese Tour führt tief in eine vom Tourismus noch unberührte ländliche Gegend hinein, in der wir eine ausgesprochen schöne Landschaft genießen können.

Wir beginnen in **Faro** wie auf Autotour 3 und biegen am Ende der Avenida 5 de Outubro am Kreisel links ab, fahren dann aber an der großen Ampel nach rechts, ausgeschildert nach »Espanha« (Spanien). Wir sind jetzt auf der EN125, die uns bis nach Vila Real und zur spanischen Grenze bringt.

Nach 8 km erreichen wir **Olhão** (✝⌂⌂✕Δ⛽⊕☕wc). An der ersten Ampel auf der Hauptstraße fahren wir geradeaus weiter; nur wenn man Olhão erkunden möchte, muß man hier rechts ins Zentrum abbiegen. (An der Ampel würde man links nach Estói kommen, der Gegend von Wanderung 16.) Wir fahren an einer Linksabzweigung nach Moncarapacho und São Bras sowie einer Rechtsabzweigung nach Porto de Olhão (9 km) vorbei. In Porto de Olhão kann man die Fähre zu den vorgelagerten Inseln mit ihren Sandstränden und Flachwasserbereichen nehmen, die ideal zum Baden geeignet sind; siehe gegenüberliegende Seite oben. Hinter Olhão wird die Straße sehr gut, bis wir **Luz de Tavira** (22 km) erreichen. Hier muß man aufpassen, da sich die Straße beträchtlich verengt und sich die Fahrbahn verschlechtert. Hinter Luz fährt man wieder auf einer guten Straße. Wir kommen durch eine flache, landwirtschaftlich genutzte Gegend mit verstreuten Ortschaften; Mandel- und Orangenbäume sowie Wein dominieren. Gleich nach Tankstellen auf beiden Straßenseiten (28 km) biegt die Hauptstraße nach links, und Tavira★ (✝⌂⌂✕⛽⊕☕wc) liegt vor uns. Dies ist die erste einer Reihe von Straßen, die nach Tavira führen. Wenn wir vor der hohen Brücke, die über den Fluß führt, abbiegen, gelangen wir ins Ortszentrum.

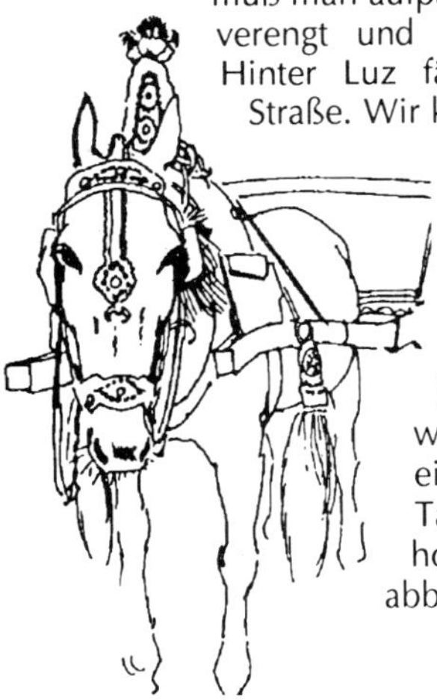

DIE BARRIERE-INSELN

Eine Gruppe von Inseln und Sandbänken liegt südlich und östlich von Faro vor der Küste; wer mit dem Flugzeug nach Faro kommt, hat beim Anflug einen ausgezeichneten Überblick über sie. Die gesamte Gegend ist das Naturschutzgebiet »Parque Natural da Ria Formosa«. Die am weitesten von der Küste entfernten Inseln werden als »Barriere-Inseln« bezeichnet, da sie die Küste vor den schlimmsten Auswirkungen der rauhen See, insbesondere den hohen atlantischen Wellen, schützen.

Zwei Inseln inmitten dieses Gebietes sind zum Baden beliebt. Beide können mit einer regelmäßigen Fährverbindung von Olhão aus erreicht werden. Die küstennächste, Ilha de Armona, wird innerhalb von 15 Minuten mit der Fähre erreicht und besteht fast ausschließlich aus Sand. Der Strand an der geschützten Seite läuft im flachen, warmen Wasser aus — der ideale Familienstrand. Die dem Meer zugewandte Seite bietet den längeren Strand und erstreckt sich fast bis Tavira; man findet daher fast immer ein ruhiges und einsames Plätzchen. Die zweite Insel, Ilha da Culatra, wird nach 45 Minuten mit der Fähre erreicht und ist dauerhaft besiedelt. Obwohl sie genauso schön ist, wird diese Insel aufgrund der längeren Fährfahrt seltener besucht. Fahrpläne sind bei der Tourist-Information in Olhão und am Kartenkiosk im Hafen erhältlich. Die Ilha de Armona ist auch von Tavira aus zugänglich. Regelmäßige Busse fahren vom Platz Praça da Republica an der Küste entlang zur Fähre, die während der Saison tagsüber dauernd fährt. Das östliche Ende der Insel bietet mehr Einrichtungen und ist vielleicht etwas überlaufen. Nochmals: Die der Küste zugewandte Seite ist gut geschützt, während die andere Seite dem rauhen Atlantik ausgesetzt ist. Die östlichste der Barriere-Inseln, Cabanas, ist von der Stadt Cabanas (östlich von Tavira) aus zu erreichen.

Unabhängig vom gewählten Weg muß man etwa 3 km zur Gesamtstrecke hinzurechnen, falls man den Ort besucht.

Nach der ersten Abbiegung nach Tavira erreichen wir eine Kreuzung (29 km), dann eine ziemlich neue, hohe Straßenbrücke. Die Linksabzweigung nach Cachopo unmittelbar hinter der Brücke nehmen wir später für den Rückweg. Wir biegen hinter der Kreuzung rechts ab (30 km); diese Straße führt uns nach Tavira und zur neue Straßenbrücke in der Nähe der Mündung. Bald darauf fahren wir rechts am großen Eurotel-Komplex (32 km) vorbei, ein Orientierungspunkt für Besucher des Staatsforsts Tavira (Wanderung 19). Die Linksabzweigung zum Waldgebiet kommt 300 m hinter dem Eurotel, ausgeschildert nach »Mata Nacional«; auffälliger ist ein »Pension«-Schild, das in die gleiche Richtung weist.

Nach etwa 40 km verengt sich die Straße in einer Biegung, um eine Brücke zu überqueren und rasch in Richtung Vila Real weiterzuführen. Gleich nach einer Autobahnauffahrt und einem Wassersport-Zentrum auf der linken Seite (46 km) kommt eine Linksabbiegung nach »Castro Marim« und »Beja«

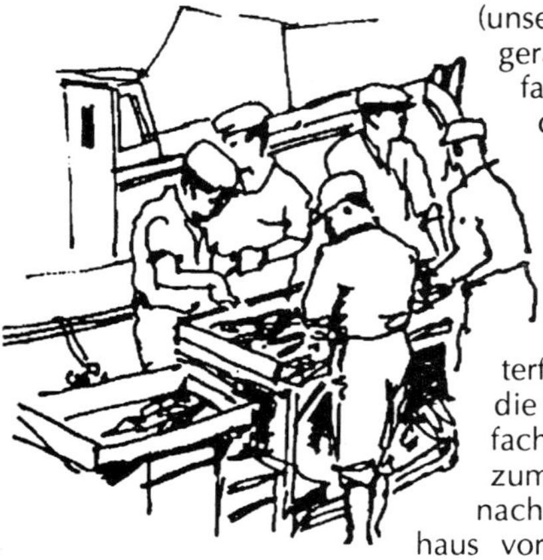

(unser Rückweg). Wir halten uns geradeaus auf der Hauptstraße, fahren an einem Kreisel geradeaus an der Linksabzweigung nach Castro Marim (52 km) vorbei und erreichen **Vila Real de Santo António★** (✝▲▲✕⛽⊕ M☕wc). Das Straßennetz in Vila Real ist gitterförmig angelegt und macht die Orientierung ziemlich einfach. Wir folgen dem Schild zum »centro«; es leitet uns nach rechts, rechts am Krankenhaus vorbei, und dann links zum Fluß hinunter. Wenn man zu Fuß ins Zentrum läuft, kann man dem Fußweg folgen, indem man geradeaus geht, wo der Verkehr nach rechts umgelenkt wird. Auf einigen Straßen sowie an der Uferstraße ist das Parken erlaubt, doch empfiehlt es sich, in den Außenbezirken zu parken und den Rest zu gehen — insbesondere, wenn der Ort betriebsam ist. Für Spanienbesucher: Eine Fähre fährt alle halbe Stunde über den Fluß (Fahrzeit etwa 15 Minuten). Der Preis ist sowohl für Fußgänger als auch Autos sehr günstig.

Wir kehren zum Castro Marim-Kreisel zurück (52 km-Stelle) und biegen auf der EN122 rechts ab. Gummibäume und Palmen säumen die erhöhte Straße, die direkt durch das Naturschutzgebiet führt. Castro Marim ist deutlich vor uns zu sehen. 1,6 km nach dem Kreisel auf der EN125 befindet sich links der Ausgangspunkt von Wanderung 20. Wir erreichen **Castro Marim★** (57 km ✝▮☕wc; Picknick 20) über die rechte Abfahrt und parken rechts hinter der Kirche, kurz bevor die alte Hauptstraße nach Lissabon und Beja nach rechts biegt. Oben rechts befindet sich der Eingang zur Burg. Picknickausflug 20 führt in das Innere des Burggeländes, wo es auch ein Informationszentrum für das umliegende Naturschutzgebiet gibt. Abbildungen dieser Gegend sind auf den Seiten 32-33, 127 und 128 zu sehen. Castro Marim ist eines der besten Gebiete der Algarve zur Vogelbeobachtung; siehe Seite 32 sowie Wanderung 20.

Wir verlassen Castro Marim, indem wir dem Wegweiser nach Tavira folgen — was geradeaus fahren bedeutet, statt die alte Hauptstraße nach Lissabon zu nehmen, die nach rechts biegt. An der Stelle, an der eine Rechtsabzweigung nach »Rio Seco« (59 km) führt, halten wir uns links. An einem Bahnübergang (62 km) fahren wir geradeaus weiter; nach 64 km stoßen wir auf die EN125 und biegen nach rechts in Richtung Faro. Wir halten uns bis zur hohen Brücke bei Tavira auf der EN125 (etwa 3 km nach dem Eurotel-Komplex auf der rechten

Seite), und biegen rechts auf die EN397 nach Cachopo (81 km). Am »Picota«-Schild halten wir uns rechts. Anfänglich durchquert die Straße eine Ebene (links ist ein Fluß) und läuft auf das Hügelland zu.

Eukalyptusbäume säumen die ansteigende Straße, die an vereinzelten Weingärten und Olivenhainen vorbeiführt. Einheitlich gerundete Hügel wellen sich in der Entfernung, während wir in diese unbekannte, doch äußerst fotogene Gegend der Algarve (📷) eindringen. Ein reizendes und ungewöhnliches Mosaik, hervorgerufen durch die unterschiedlichen Schattierungen des Pflanzenbewuchses, hüllt die Landschaft ein (📷) und sorgt für einen Hauch von Unwirklichkeit und Abenteuer. Abbildungen dieser Gegend auf den Seiten 25, 31 und 34-35.

Nach 111 km geht es wieder bergab, an einem Café vorbei und über die Ribeira de Odeleite. Die sich wandelnde Gegend wird durch Farbtupfer des rosafarbigen Heidekrauts *(Erica australis)* belebt, während wir links an einem Brunnen (115 km) vorbeifahren. Man beginnt sich gerade wirklich einsam und wie am Ende der Welt zu fühlen, da künden terrassierte, gerodete Hänge die Nähe einer Siedlung an. Nach einem eindrucksvollen Friedhof (rechts) erreichen wir **Cachopo** (121 km ✝✕☕) und erkunden dieses vom Tourismus unberührte Provinznest.

Wir verlassen Cachopo, indem wir links auf die EN124 nach Barranco do Velho abbiegen; nach 1 km erblicken wir links eine malerische alte Steinbrücke. Die Straße verläuft nun auf großer Höhe (📷) durch die hübschen ländlichen Ortschaften **Catraia** und **Feiteira** nach Barranco. Links steht eine Windmühle (137 km), bevor wir in einen Wald hinabfahren. In **Barranco do Velho** (145 km ☕) zweigt rechts die EN124 nach Alte und São Bartolomeu de Messines ab, aber wir halten uns links auf der EN2 und fahren in den Wald Richtung São Bras und Faro hinunter.

In **São Bras de Alportel** (158 km ✝▲▲✕⊕☕WC; Wanderung 17 und 18; Picknick 17) fahren wir geradeaus weiter nach Faro. Wenn man in São Bras Halt machen möchte, kann man links auf den Platz fahren und hier parken oder die nächste Linksabbiegung nehmen, die vom Platz in die Haupteinkaufsstraße führt. Siehe Wanderung 17 (Seite 115) für weitere Informationen über São Bras.

Von São Bras fahren wir rasch in die Ebene hinunter — zunächst an der Stelle vorbei, an der Wanderung 16 auf dem Rückweg die Straße kreuzt

(162 km), und dann an der Linksabzweigung nach Estoi vorbei. Hier kreuzt Wanderung 16 (165 km) die Straße. Nach 175 km sind wir wieder in **Faro**.

DER MONTE SÃO MIGUEL

Diese Anhöhe erhebt sich einsam östlich von Faro und ist ein weithin sichtbarer Orientierungspunkt. Sie wäre auch ohne den Fernsehsender auf dem Gipfel leicht auszumachen — nicht aufgrund ihrer Höhe (nur 410 m), sondern der Tatsache, daß sie sich am Rande einer großen Ebene befindet. Umgekehrt ist sie ein guter Aussichtspunkt — der beste im Osten. Der Monte São Miguel bietet keine Wandermöglichkeiten, aber wenn man in der Gegend ist, lohnt sich die Fahrt hinauf, um die Aussicht zu genießen. (Die untere Aufnahme auf den Seiten 38-39 entstand während dieser Fahrt.)

Diesen Ausflug kann man mit einem Besuch des sonntäglichen Marktes in Moncarapacho verbinden (siehe »Ländliche Märkte« auf Seite 8). Moncarapacho liegt 7 km nördlich der EN125 (nordwestlich von Olhão). Um zum Monte São Miguel zu kommen, fahren wir von Moncarapacho nach Norden in Richtung Santa Catarina. Nach ungefähr 1 km biegen wir links auf eine schmale Asphaltstraße ein (es gibt einen schwer lesbaren Wegweiser zum Monte São Miguel). Diese Straße führt über die Autobahn bis zum Gipfel hinauf; kurz davor jedoch müssen wir uns an der Gabelung links halten. Von Moncarapacho beträgt die Entfernung zum Gipfel 5 km. Abgesehen von der guten Aussicht gibt es auf Streifzügen durch die *matos*-Vegetation interessante Wildblumen zu entdecken.

Wandern

Die Algarve ist zu Recht für ihre herrlichen Strände und ihre großartige Küste berühmt. Normalerweise denkt man nicht an weite Landschaften, hübsche Dörfer und ideale Wandermöglichkeiten. Viele Besucher werden von der schönen und abwechslungsreichen Landschaft überrascht sein, die es im Landesinneren zu entdecken gibt. Das sanftwellige, *matos*-bedeckte Hügelland im Norden und Osten bietet ein ständig wechselndes Spiel von Licht und Schatten. Die Kalksteinregion des zentralen Barrocal beherbergt bezaubernde Dörfer — und die schönsten Wildblumen. Weiter westlich erhebt sich das zerklüftete Granitgebirge der Serra de Monchique. Noch weiter westlich gewinnt die Landschaft ein windgepeitsches Aussehen, am ausgeprägtesten in der Gegend um Sagres. Es ist unmöglich, die herrliche Küste auszulassen, und wir haben die noch unberührten Bereiche in unsere Wanderungen einbezogen, so daß man auch das genießen kann, was zum Ruhm dieser wunderbaren Gegend beigetragen hat.

Es gibt genügend Wanderungen für einen zweiwöchigen Urlaub — und man wird sich wünschen, wieder hierher zu kommen. Alle Vorarbeiten wurden gemacht, so daß man gleich am ersten Tag loslegen kann, um den Urlaub voll zu genießen. Eine Bitte zur Vorsicht: Den Wanderungen sollte man so folgen, wie sie beschrieben sind; bitte nicht versuchen, durch unbekanntes Gelände von einem Wanderweg zum nächsten zu gelangen — auch wenn es möglich erscheint. Entfernungen sind in den Bergen sehr trügerisch, und scheinbar nahe beieinander liegende Stellen können etliche Stunden Gehzeit voneinander entfernt sein.

In diesem Führer sind Wanderungen für alle Altersgruppen beschrieben und nach ihrem Schwierigkeitsgrad eingestuft. Wenn die Hauptwanderung zu schwierig erscheint, sollten Kurzwanderungen in Erwägung gezogen werden.

Als unerfahrener Wanderer oder wenn man eine einfache Wanderung sucht, sollte man sich an die mit »leicht« ausgewiesenen Wanderungen halten — z.B. die Küstenwanderungen, auf denen man jederzeit umkehren kann. Man sehe sich auch die Picknickvorschläge auf den Seiten 13-16 an, die eine Auswahl besonders schöner Plätzchen einbeziehen — viele davon können leicht in weniger als einer Stunde Gehzeit erreicht werden.

Erfahrene Wanderer können alle Wanderungen dieses Führers in Angriff nehmen, natürlich unter Berücksichtigung der Jahreszeit und Wetterbedingungen. Vor einer langen Wanderung prüfe man zunächst seine Kondition. Die anstrengenderen Wanderungen sollte man nicht im Hochsommer unternehmen; außerdem sollte man sich vor der Sonne schützen und immer einen großen Vorrat an Wasser und Obst mitnehmen. Jederzeit können Sturmschäden die beschriebenen Wanderungen gefährden — im Zweifelsfall bitte für den sicheren Weg entscheiden. Wenn eine im Text erwähnte auffällige Stelle nicht nach angemessener Zeit erreicht wird, sollte man zur letzten »sicheren« Stelle umkehren und es nochmals versuchen.

Die Wanderungen um Monchique bieten erfahrenen Wanderern die besten Möglichkeiten, und wer seine Ausdauer testen will, kann mehrere Wanderungen zu längeren Tagestouren verbinden.

Führer, Wegmarkierungen, Karten

Ein offizieller **Führer** ist nicht erhältlich, wird aber für die Wandervorschläge dieses Buches auch nicht benötigt. Die meisten Wanderrouten führen über gute Pfade und Wege, die leicht zu finden sind.

Es gibt keine offiziellen **Wegmarkierungen**. Auf manchen Wanderungen sind Wegzeichen zu sehen, die aber meist wenig helfen. In manchen Gegenden wurden farbige Pfeile auf Mauern gemalt, die den Weg zu Häusern abseits der vielbegangenen Pfade zeigen. Um jeder möglichen Verwirrung aus dem Weg zu gehen, ist es besser, in jedem Fall unseren Angaben zu folgen.

Die **Karten** in diesem Buch sind Reproduktionen von Karten im Maßstab 1:50.000, die in den 50er und 60er Jahren vom Instituto Geográfico e Cadastral aufgenommen wurden. Dies sind die neuesten erhältlichen Karten (z.B. vom Geo Center, Schockenriedstraße 40a, 70565 Stuttgart), aber sie sind weitgehend überholt. Wir haben zwar Straßen und einige *Haupt*wege hinzugefügt, aber bei diesem Maßstab war es uns unmöglich, all die unzähligen Wege und Pfade in dieser Gegend zu berücksichtigen. Einige der im Text erwähnten Wegen erscheinen *nicht* in den Karten. In Verbindung mit den Streckenbeschreibungen bieten diese Karten jedoch einen hilfreichen Überblick über die Hauptrichtung und Umgebung der Wanderungen.

Ausrüstung

Wer erst in Portugal diesen Führer kauft und keine spezielle Ausrüstung wie Rucksack und Wanderstiefel dabei hat, kann dennoch einige Wanderungen unternehmen — doch wäre es besser, einige Ausrüstungsgegenstände vor Ort zu erwerben. Wanderschuhe und Stiefel können recht preiswert gekauft werden, vorausgesetzt, man hat keine große Schuhgröße. Bei Herrenschuhen liegt die Obergrenze bei Größe 45, bei Damenschuhen bei Größe 41. Schwierige Wanderungen sollte man nicht ohne angemessene Kleidung oder mit neuem Schuhwerk unternehmen. Zu jeder Wanderung wird die für alle Jahreszeiten gültige *Mindestausrüstung* aufgeführt. Falls Wanderschuhe benötigt werden, gibt es leider keinen Ersatz, da man sich auf ihren sicheren Halt und Knöchelschutz verlassen muß. Auf einigen Wanderungen, die steil über loses Geröll abwärts führen, sind sie absolut unverzichtbar. Alle anderen Wanderungen sollten mit festem Schuhwerk unternommen werden, am besten mit dicker Kreppsohle, die gut auf nassen und rutschigen Oberflächen greift. Falls die Wanderung auch mit Trainingsschuhen unternommen werden kann, haben wir dies als Wahlmöglichkeit aufgeführt.

Die folgende Checkliste könnte sich als nützlich erweisen:

- Wanderschuhe (eingetragen und bequem)
- Regenschutz (außerhalb der Sommermonate)
- Langärmeliges Hemd (als Sonnenschutz)
- Lange Hosen, eng an den Knöcheln anliegend (Sonnen- und Zeckenschutz)
- Plastikplane (ggf. Plastiktüte)
- Desinfektionssalbe
- Wollmütze und Handschuhe
- Wasserflasche sowie Wasserreinigungstabletten
- »Dog-Dazer« (siehe »Was da beißt oder sticht«, Seite 51)
- Ersatzschnürsenkel
- Verbandszeug und Heftpflaster
- Plastikteller, Tassen usw.
- Messer und Öffner
- Anorak (Reißverschluß)
- Sonnenhut, Sonnenbrille, Sonnenschutzcreme
- Insektenabwehrmittel
- Zwei Pullover
- Lange Ersatzsocken
- Kompaß, Trillerpfeife, Taschenlampe
- Kleiner Rucksack
- Fernglas
- Klappregenschirm (auch nützlich als Sonnenschirm)

Natürlich haben wir nicht jede beschriebene Wanderung unter *allen* denkbaren Bedingungen machen können. Möglicherweise wissen wir nicht, wie heiß und ungeschützt einige Wanderwege im Hochsommer sein können oder wie kalt im Winter. Aus diesem Grund haben wir unter »Ausrüstung« alles aufgeführt, was man je nach Jahreszeit benötigen *könnte*, und wir gehen davon aus, daß der Leser die Liste der Lage entsprechend anpaßt.

Vorsicht vor der Sonne und den Folgen der Austrocknung. Nicht durch einen leichten Wolkenschleier verführen lassen; man kann sich dennoch einen Sonnenbrand holen. Es ist verlockend, auf Wanderungen kurze Hosen zu tragen, aber man kann sich die Beine schlimm verbrennen — ganz abgesehen von stacheligem Dornengestrüpp. Es empfiehlt sich, grundsätzlich lange Hosen und ein langärmeliges Hemd mitzunehmen und anzuziehen, wenn man lange genug in der Sonne war. Einen Sonnenhut sollte man *immer* tragen. An heißen Tagen sollte man für die Mittagspause ein schattiges Plätzchen aufsuchen und einen ausreichenden Vorrat an Obst und Wasser mitnehmen.

Unterkunft

An der Algarve gibt es eine große Auswahl an Unterkünften, die allen Anforderungen gerecht werden und sich nahezu ausschließlich an der Küste befinden. Der **mittlere Küstenabschnitt** ist als Ausgangsquartier ideal, da man ohne allzuweite Fahrten in alle Gegenden der Algarve kommt. **Albufeira** ist der größte Ferienort in diesem Gebiet und besitzt sehr gute Busverbindungen, ist jedoch für Bahnfahrten weniger geeignet. Der nächste Bahnhof befindet sich in Ferreira, etwa 6 km von Albufeira entfernt. Etwas kleinere und ruhigere Ferienorte finden sich um Albufeira herum.

Weiter **westlich** liegt ein weiterer lebhafter Ferienort, **Carvoeiro** — ein gutes Ausgangsquartier für Touren in den westlichen Teil der Region (wenn wir den Westen erkunden, wohnen wir hier). Wer kleinere, ruhigere Orte bevorzugt, suche **westlich von Portimão**. Jahrelang war die Brücke in Portimão ein Engpaß für den Verkehr, wodurch die touristische Entwicklung weiter westlich erfolgreich gebremst wurde. Eine neue Brücke macht die Westküste jetzt leichter zugänglich. **Lagos** ist ein angenehmer Ferienort, der Weiträumigkeit mit abgeschiedener Stille zu verbinden scheint. Hinter Lagos werden die Urlaubsquartiere dann zunehmend ruhiger und ursprünglicher.

Um die **östliche Seite der Algarve** zu erkunden, wählen wir **Faro** als unser Ausgangsquartier — zwar kein traditioneller Ferienort, doch interessant genug für einen Aufenthalt und ideal für die Benutzung öffentlicher Verkehrsmittel. **Olhão**, östlich von Faro gelegen, ist noch weniger sehenswert, aber günstig für Bootsfahrten zu den herrlichen Stränden der Barriere-Inseln. **Tavira** ist der wahrscheinlich malerischste Ferienort der östlichen Algarve; zugleich ist es der wichtigste Hafen für Bootsfahrten zu den Barriere-Inseln. **Monte Gordo** liegt fast an der östlichen Grenze nach Spanien und ist ebenfalls ein beliebter Ferienort, doch sind von hier aus nur wenige Wanderungen in Reichweite.

Die alten Bewässerungsmühlen tragen zum Reiz der Landschaft bei.

Wetter

Frühjahr und Herbst (März, April, Mai, September, Oktober) sind in dieser Gegend Portugals die idealen Jahreszeiten zum Wandern. Auch während der milden Wintermonate kann das Wandern ganz wunderbar sein, und es kann sogar im Januar viele schöne Tage geben, die sich zum Wandern eignen. Auch im Februar können sich gute Wandermöglichkeiten bei frühlingshaftem Wetter bieten. Ab März steigen die Temperaturen, und es ist mit Sicherheit warm genug, um kurze Hosen zu tragen. Es gibt reichlich sonnige Tage, aber mit ein paar Regentage muß noch gerechnet werden. Diese Wetterbedingungen bleiben bis Ende April bestehen, obwohl die Temperaturen ständig steigen. Im Mai wird es noch wärmer und sonniger, und das Risiko unbeständigen Wetters sinkt. Im Juni wird es zu heiß für anstrengende Wanderungen, aber einige Küstenwanderungen können den ganzen Sommer hindurch unternommen werden, da eine stete Meeresbrise für Abkühlung sorgt.

Mit dem Abklingen der Sommerhitze im September beginnt eine neue Wandersaison, die bis zum Einsetzen der Regenzeit Ende Oktober/Anfang November andauert. Der späte Oktober ist die regenreichste Jahreszeit, aber der durchschnittliche Niederschlag in dieser Gegend, insbesondere an der Küste, ist mit 400-500mm pro Jahr sehr gering. *Man beachte, daß Wege, die über Flüsse führen, nach schweren Regenfällen eventuell für mehrere Tage unpassierbar sind.*

Was da beißt oder sticht

Hunde können zur Plage werden. Wir waren froh, einen »Dog-Dazer« mit uns führen zu können, der sich als sehr wirkungsvoll erwies und uns beträchtliches Selbstvertrauen gab. Ein Dog-Dazer ist ein kleines, bequem tragbares elektronisches Gerät, das auf Knopfdruck einen für das menschliche Ohr unhörbaren Ton erzeugt, der aggressive Hunde erschreckt und sie zum Rückzug zwingt. Nähere Information von Dazer UK, 51 Alfriston Road, London SW11 6NR. Ansonsten ist die beste Empfehlung, bei Bedrohung und wenn man keinen Wanderstock trägt, so zu tun, als wolle man einen Stein nach dem Hund werfen. Meistens bellen die Hunde dann laut, sind aber eigentlich selten wirklich angriffslustig.

Vor **Schlangen** muß man sich in Acht nehmen. Im Frühjahr sehen wir nur wenige, aber im Sommer sind sie häufiger. Viele sind harmlos, aber bei Kreuzotterarten ist große Vorsicht geboten. Die meisten Schlangen haben wahrscheinlich mehr Angst vor uns als wir vor ihnen und werden schnell die Flucht antreten. Falls sie es aber nicht tun, sollte man sich ruhig entfernen. Wirkliche Gefahr besteht dann, wenn man versehentlich auf eine Schlange tritt. Aus diesem Grund darf man *niemals* in Sandalen durch die Landschaft spazieren, ganz gleich, wie bequem sie sein mögen. Füße und Knöchel sollten immer gut bedeckt sein. Eine weitere Vorsichtsmaßnahme besteht darin, lange Hosen zu tragen, die in die Socken gesteckt werden können. Besondere Vorsicht ist in der Nähe von Wasser geboten, wenn man sich dort niederlassen möchte, und wenn man sich gedankenlos mit der Hand auf eine Steinmauer stützt.

Skorpione kommen ebenfalls vor, doch trifft man sie hauptsächlich im Hochsommer an, wenn sie normalerweise Schatten suchen. Man sollte daher keine Kleidungsstücke auf den Boden legen. Bei einem versehentlichen Umdrehen von Felsen oder Steinen kommen sie vielleicht zum Vorschein, aber sie stellen keine ernsthafte Gefahr dar, da ihr Stich für die meisten Menschen eher schmerzhaft als gefährlich ist.

In stark bewaldeten Gegenden können **Zeck**en ein Problem sein. Während man durch den Wald streift, können sie an die Kleidung gehen. Wer auch hier unserem Ratschlag folgt und lange Hosen sowie ein langärmeliges Hemd trägt, hat eine bessere Chance, sie von der Haut fernzuhalten. Wenn sie aber doch auf die Haut gelangen, müssen sie vor dem Abziehen betäubt werden. Auf einfache Weise kann dies durch einige Tropfen Brennspiritus oder Benzin geschehen.

Bienen und **Wespen** sind im Sommer anzutreffen; die nötigen Salben und Tabletten sollten daher mitgenommen werden, insbesondere bei Allergie gegen Insektenstiche.

Portugiesisch für Wanderer

Trotz hoher Besucherzahlen wird außerhalb der wichtigsten Urlaubsquartiere an der Algarve überraschend wenig Englisch und Deutsch gesprochen. Um im Landesinneren nach der Richtung zu fragen, sollte man ein paar Worte Portugiesisch lernen.

Eine gute Technik ist es, sich einige Schlüsselfragen einzuprägen und diese so abzuwandeln, daß sie mit »Ja« *(sim)* oder

Bewässerungsmühlen unterschiedlicher Konstruktion sind überall an der Algarve zu finden.

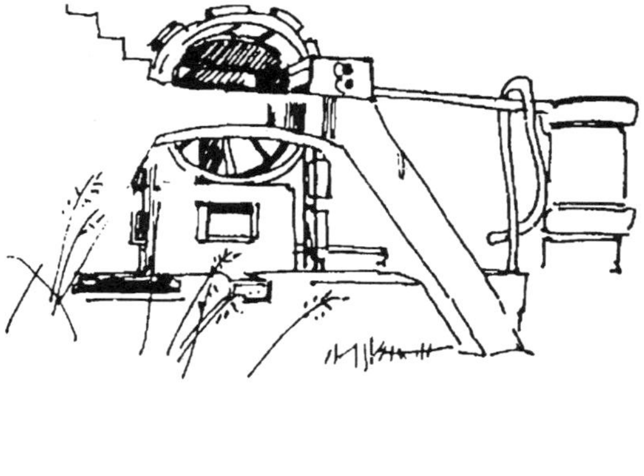

»Nein« *(não)* beantwortet werden können. Es ist nicht immer möglich, das ganze Gespräch auf diese Weise zu führen; es zahlt sich daher aus, sich einige weitere mögliche Antworten einzuprägen, die zugleich zur Formulierung weiterer Fragen mit Ja/Nein-Antworten benutzt werden können. Einige Beispiele von Schlüsselfragen mit möglichen Antworten:

Schlüsselfragen

Deutsch	*Portugiesisch*	*Aussprache**
»Entschuldigung,	Por favor,	Por **favor**,
mein Herr	senor	sen**jor**
(meine Dame)	senhora	sen**jora**
Wo ist	Onde é	**On**dä
der Fußweg nach...	a vereda para	a we**re**da **pa**ra
(die Hauptstraße nach...	a estrada para	a isch**tra**da **pa**ra
der Weg nach...	o caminho para	u ka**min**ju **pa**ra
die Bushaltestelle)?	a paragem)?	a pa**ra**schäi?
Vielen Dank.	Obrigado.	Obri**ga**du.

Mögliche Antworten

Deutsch	*Portugiesisch*	*Aussprache*
hier	aqui	a**kie**
dort	ali	a**lie**
geradeaus	sempre em frente	**sem**prä äi **frente**
hinter	atrás	a**trasch**
nach rechts	à dereita	a dä**rä**ta
nach link	à esquerda	a isch**ker**da
oben	em cima	äi **si**ma
unten	em baixo	äi **bai**schu

*die betonte Silbe ist **fett** gedruckt, die Unterstreichung bedeutet, daß der Vokal leicht nasaliert wird.

Am besten versucht man, von einem Muttersprachler (z.B. jemandem im Hotel oder dem Taxifahrer) die Aussprache zu lernen. Ortsnamen müssen *sehr sorgfältig* ausgesprochen werden; das Ortsregister ab Seite 133 leistet hier gute Dienste.

Wer sich das Miniwörterbuch eingeprägt hat, sollte so viele Fragen wie möglich mit Ja/Nein-Antworten stellen. *Niemals* sollte eine Frage mit offener Antwort wie z.B. »Wo ist die Hauptstraße?« gestellt werden, da man die Antwort kaum verstehen wird, wenn man sich nicht bereits dort befindet. Stattdessen sollte man fragen und die wahrscheinlichste Antwort gleich selbst nachschieben, zum Beispiel:

> »Faz o favor, senhora. Onde é a estrada para Faro? É sempre em frente?« oder »Faz o favor, senhor. Onde é a verada para Alte? É em cima à esquerda?«

Wer dann selbst die Liste möglicher Antworten durchgeht, wird schließlich mit heftigem Kopfnicken ein Ja bekommen — sehr viel zuverlässiger als die bloße Zeichensprache.

Preiswerte Sprachführer, z.B. von Langenscheidt, Polyglott

oder Berlitz, sind eine wertvolle Hilfe, um weitere Schlüsselsätze und Antworten zu finden. Man bedenke auch, daß es immer besser ist, Leute, die einem auf Wanderungen begegnen, mit einem »Guten Morgen« oder »Guten Tag« zu begrüßen (bom **di**a bzw. boa **tar**de).

Verhaltensregeln für Wanderer

Die folgenden Punkte können gar nicht oft genug betont werden:

- **Jederzeit kann ein Weg aufgrund von Stürmen oder Bauarbeiten unsicher werden**. Wenn eine Strecke anders als hier beschrieben ist und der Weg nicht sicher erscheint, *nicht weitergehen.*
- **Niemals alleine wandern** — am besten zu viert.
- **Nicht die eigenen Kräfte überschätzen** — die Geschwindigkeit wird durch den Langsamsten in der Gruppe bestimmt.
- Die **Verkehrsverbindungen** am Ende der Wanderung sind sehr wichtig.
- Geeignetes **Schuhwerk** und **Sonnenschutz** sind unerläßlich.
- In den Bergen kann jederzeit **Nebel** aufziehen.
- In den Bergen wird **warme Kleidung** benötigt; auch im Sommer sollte man für alle Fälle etwas mitnehmen
- **Kompaß, Trillerpfeife** und **Taschenlampe** wiegen wenig, können aber Leben retten.
- Auf langen Wanderungen **Zusatzrationen** mitnehmen.
- Ein **fester Stock** ist auf holprigem Gelände von Hilfe und hält die wenigen freilaufenden angriffslustigen Hunde ab.
- Vor dem Beginn einer Wanderung **nochmals den »Wichtigen Hinweis«** auf Seite 2 sowie die Hinweise zu Schwierigkeitsgrad und Ausrüstung durchlesen.

Vorbereitung der Wanderungen

Die 20 Hauptwanderungen dieses Buches verteilen sich auf die gesamte Algarve, konzentrieren sich jedoch im zentralen Bereich. Zur Orientierung kann man die große ausfaltbare Autokarte (zwischen Seite 16 und 17) aufschlagen, um die Gegend, das Straßennetz und die Wandergebiete zu überblicken.

Ein Durchblättern der Seiten zeigt, daß es mindestens eine Abbildung zu jeder Wanderung gibt. Nachdem man aufgrund von Karten und Abbildungen eine Auswahl möglicher Wanderungen getroffen hat, sollte man sich die allgemeinen Hinweise zu Beginn jeder Wanderung durchlesen. Die Angaben über Gehzeiten, Schwierigkeitsgrad, Ausrüstung sowie An- und Rückreise entsprechen unseren Erfahrungswerten. Nicht verzweifeln, falls Schwierigkeitsgrad und Ausrüstungsanforderungen zu hoch sind; zu fast jeder Wanderung gibt es eine Kurzwanderung oder Alternative, die in der Regel weniger hohe Anforderungen stellt. Wem diese immer noch zu anstrengend erscheinen, kann auf den Seiten 13-16 Picknickausflüge finden, die mit noch geringerem Aufwand die landschaftlichen Besonderheiten eines Wandergebietes zugänglich machen.

Jede Wanderung beginnt mit einer Einleitung, die einen Vorgeschmack auf die Landschaft und Hinweise auf besondere Sehenswürdigkeiten gibt; anschließend wird die Wanderroute detailliert beschrieben. Der Text ist mit großmaßstäblichen Karten (1:50.000; vgl. »Karten« auf Seite 48) illustriert.

Da wir **geübte Wanderer** sind, liegt unser durchschnittliches Gehtempo bei 3-6 km/Stunde. Bitte auch beachten, daß die angegeben Zeiten *reine* Gehzeiten sind und lediglich kurze Verschnaufpausen einschließen. Sie beeinhalten keine Foto- und Picknickpausen oder sonstige längere Unterbrechungen. Als Anfänger oder wenn man eher gemütlich spazierengehen möchte, kann eine Wanderung **doppelt so lange dauern** wie angegeben. Nicht vergessen, die Busverbindungen für die Rückfahrt zu berücksichtigen, insbesondere den letzten Bus des Tages. Am wichtigsten waren für uns *gleichbleibende* Gehzeiten, weshalb wir unsere Zeitangaben zumindest doppelt überprüft haben. Wenn man das eigene Tempo mit unseren Angaben vergleicht, kann man seinen Schritt daran anpassen ... wie auch an die Hitze!

Viele **Symbole** auf den Wanderkarten erklären sich von selbst; nachfolgend die Legende zu den wichtigsten:

ROT	Hauptstraße (rot) auf der Autokarte		Kirche		*fonte*, Wasserbehälter, etc.
ROT	Nebenstraße (weiß) auf der Autokarte		Burg, Fort		Stätte, Ruinen
	Fahrweg (nicht immer auf der Autokarte)		Heiligtum		Richtung der Wanderung
GRÜN	Wanderroute		Windmühle		Steinbruch
GRÜN	Variante		Parkplatz	0 — 1 km	
			Bushaltestelle		
			Kalkofen		

1 LUZ • ATALAIA • PORTO DE MÓS • PONTA DA PIEDADE • LAGOS

Entfernung/Gehzeit: 9,3 km; 2Std

Schwierigkeitsgrad: Leicht bis mittel. Die Wanderung führt hauptsächlich über Fußwege; im ersten Teil ein Aufstieg auf 108 m.

Ausrüstung: Feste Schuhe oder Stiefel, langärmeliges Hemd, kurze oder lange Hosen, Badezeug, Fernglas, Sonnenbrille, Sonnencreme, Pullover, Regenschutz, Proviant, Trinkwasser

Anfahrt: von Lagos nach Luz (Fahrplan 1). Fahrzeit 15Min. : Unmittelbar bei der Einfahrt nach Luz dem Wegweiser nach links Richtung »Praia da Luz« folgen und auf dem Parkplatz an der Küste parken. Wer mit dem Auto anreist, wird wahrscheinlich den gleichen Weg zurückgehen: siehe Variante 4 (unten).

Kurzwanderungen: Alle sind leicht; Ausrüstung wie oben.

1 Zum Obelisk *(atalaia)* oberhalb von Luz und zurück (2,8 km; 36Min; ein steiler Aufstieg). Dem Beginn der Wanderung folgen und auf dem gleichen Weg zurückgehen.

2 Zum Porto de Mós und zurück (8,8 km; 1Std50Min). Der Hauptwanderung 53Min folgen und dann umdrehen. Hier befindet sich ein Café, wo man sich vor der Rückkehr erfrischen kann. Der Strand entlang des Weges ist steinig, weiter draußen jedoch sandig.

Varianten

3 Zur Ponta da Piedade und zurück (12,8 km; 2Std45Min). Der Hauptwanderung bis zum Leuchtturm folgen und auf dem gleichen Weg zurückgehen. Leicht bis mittelschwer.

4 Luz — Lagos — Luz (18,6 km; 4Std). Wer mit dem Auto anreist, wird aufgrund der eingeschränkten Busverbindung zwischen Lagos und Luz (Fahrplan 1) wahrscheinlich den gleichen Weg zurückgehen. Leicht bis mittelschwer.

5 Porto de Mós — Ponta da Piedade — Porto de Mós (4 km; 1Std). Diese Möglichkeit besteht nur, wenn man mit dem Auto oder Taxi anreist. Auf dem großen Parkplatz am Porto de Mós parken und von hier zum Leuchtturm an der Ponta da Piedade wandern. An den Hinweisen zur Hauptwanderung (ab der 53Min-Stelle) orientieren und auf dem gleichen Weg zurückkehren. Anfahrt zum Porto de Mós: Von Portimão kommend vor der Einfahrt nach Lagos unmittelbar nach der Brücke am Kreisel geradeaus weiterfahren (Ausschilderung Richtung Sagres). Weiter bis zu einem Kreisel fahren, an der Luz/Sagres nach rechts ausgeschildert ist. Hier links abbiegen und nach 1,4 km rechts abbiegen (Ausschilderung zum Porto de Mós, 2 km).

Längere Wanderungen: Der Küstenweg erstreckt sich von Lagos bis Salema. Wir haben die Strecke in drei Abschnitte aufgeteilt, die sich auf Wanderung 1-3 verteilen. Alle Küstenabschnitte sind völlig unterschiedlich und bieten ihre Besonderheiten. Wenn man an den verschiedenen Stränden etwas Zeit verbringen, die Dörfer erkunden oder in den Cafés und Bars entspannen möchte, sollte man sich die Küstenabschnitte einzeln vornehmen. Allerdings können sie auch wie folgt miteinander verbunden werden (siehe Karte Seite 62-63):

6 Salema — Burgau — Luz (10,1 km; 2Std40Min). Taxi oder Bus nach Salema (Fahrplan 2) und nach Luz zurückwandern entsprechend Wanderung 3 und 2. Rückfahrt von Luz mit dem Bus (Fahrplan 1).

7 Burgau — Luz — Lagos (14 km; 3Std10Min). Bus nach Burgau (beschrieben in Wanderung 3) und nach Lagos zurückwandern entsprechend Wanderung 2 (in umgekehrter Richtung) und 1.

8 Von Salema nach Lagos (19,5 km; 4Std40Min). Taxi oder Bus nach Salema (Fahrplan 2) und die gesamte Strecke nach Lagos zurückwandern entsprechend Wanderung 3 und 2 (in umgekehrter Richtung) und 1.

Küstenwege haben ihren besonderen Reiz. Die Meeresstimmung, das Spiel des Lichts, die sich schlängelnde Küste, die salzige Seeluft und abgelegene Buchten prägen sich tief in die Erinnerung ein. Zu den Höhepunkten dieser Wanderung gehören die schöne Aussicht vom Obelisk *(atalaia)* oberhalb Luz, der Leuchtturm und die Reiherkolonie an der Ponta da Piedade. Besonders spektakulär ist die zerklüftete Küste mit ihren Felssäulen (Foto umseitig).

Luz ist ein reizendes und ziemlich kleines Fischerdorf westlich von Lagos. Es beginnt sich langsam als Urlaubsort zu entwickeln und bietet bereits eine gute Auswahl an Restaurants und Cafés. Bei Luz befinden sich einige schöne Strände, an denen man schwimmen oder Wassersport (z.B. Surfen) betreiben kann. Überall entlang diesem Küstenabschnitt sind interessante Wildblumen (einschließlich Orchideen) anzutreffen; sie werden im Kasten oben auf Seite 61 genauer beschrieben.

Wir beginnen die Wanderung am Küstenparkplatz östlich des Dorfes und gehen nach links auf den Obelisk zu, den man auf der Anhöhe erkennt. Der gepflasterten Straße folgen wir zu einer Verzweigung (**1Min**) und biegen rechts ab. Eine Minute später müssen wir an der zweiten Verzweigung nach links biegen; wir entfernen uns von der Küste. Wo die gepflasterte Straße endet, gehen wir auf dem holprigen Weg weiter den Hang hinauf. Bald (**6Min**) führt der Weg in Richtung Obelisk, und man kann einen Pfad erkennen, der auf der steilsten Hangpartie direkt hinaufführt. Diesen Pfad nimmt man besser *nicht*, sondern bleibt vielmehr auf dem sanfteren schrägen Aufstieg. An einer Verzweigung (**8Min**) gehen wir links in Richtung des auf der Anhöhe befindlichen verfallenen Gebäudes. Die Fußwege sind stellenweise ausgewaschen, so daß Vorsicht geboten ist. Der langsame Aufstieg gibt Gelegenheit, am Hang nach Blumen zu schauen. Kurz vor Erreichen des verfallenen Gebäudes (**15Min**) gehen wir rechts hoch, um auf einen Feldweg zu gelangen, dem wir nach rechts zum Obelisk folgen. Vom Obelisk (Picknick 1; **20Min**) hat man eine schöne Aussicht auf Luz und die Küste sowie das landeinwärtige Tal.

Es geht auf dem Weg hinter dem Obelisk in Richtung Lagos weiter. Der Weg verschmälert sich zu einem breiten Pfad, während man in eine Niederung gelangt (**21Min**) und anschließend wieder auf die Anhöhe des Kliffs ansteigt. Der Weg verläuft nun für eine Weile auf einer gleichbleibenden Höhe von 75 m; vor uns erblicken wir Lagos sowie den Leuchtturm. Mit Beginn des Abstiegs zum Porto de Mós (**48Min**) mündet links ein Weg ein. Wir gehen geradeaus weiter; Vorsicht auf dem stark erodierten Weg. Dann (**53Min**)

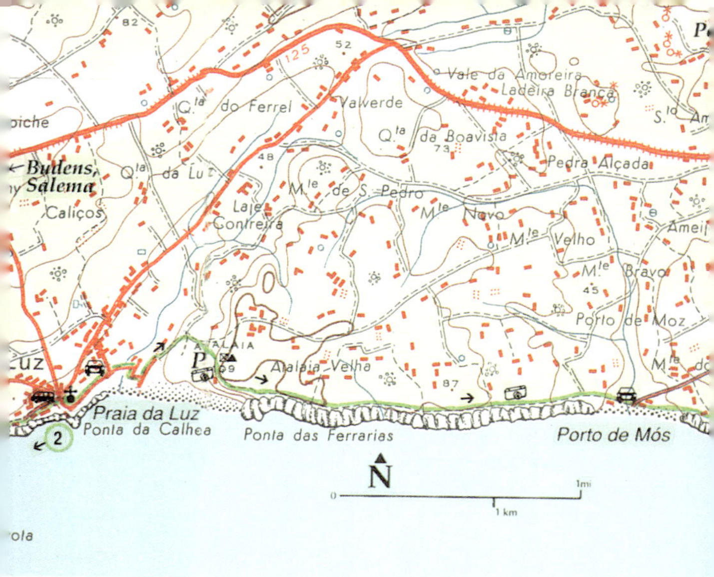

erreichen wir den Porto de Mós. Wir müssen das Restaurant jenseits der Bucht ansteuern und auf der Strandseite vorbeigehen. Direkt hinter dem Restaurant müssen wir links die Stufen hochsteigen und nach rechts auf den Küstenpfad biegen.

Der Pfad führt direkt hangaufwärts, und nach **56Min** führen Stufen auf die Klippen. Auf einem schmalen Pfad geht es auf der Anhöhe des Kliffs entlang; links liegen Villen. Nach **1Std** durchqueren wir eine kleine Schlucht. (Es ist auch möglich, einem schmalen Pfad entlang der Umzäunung einer Villa links um die Schlucht herum zu folgen. Man muß jedoch über eine niedrige Mauer steigen, um nach drei Minuten die Straße zu erreichen. Auf der Straße geht es nach rechts. Eine Minute später müssen wir wiederum nach rechts zurück auf die Anhöhe des Kliffs biegen, um wieder auf den Küstenpfad zu gelangen.) Nicht weit hin-

Vom Leuchtturm an der Ponta da Piedade lohnt sich ein Abstecher über die Brücke zur felsigen Landspitze; wer leicht schwindelig wird, sollte jedoch nur bis zur Brücke gehen. Nahe dem Leuchtturm hat man eine schöne Aussicht, wenn man die Stufen zum Landungssteg hinabsteigt — hier legen die Boote von Praia Dona Ana an. Einige Felssäulen werden von den Reihern als Brutstätte genutzt. Die Entdeckung, daß es an der Algarve noch unberührte Abschnitte mit schönen Küstenpfaden gibt, war für uns eine freudige Überraschung. Ein ähnlicher Weg wird auf Wanderung 10 beschrieben.

ter der kleinen Schlucht kommt links ein Campingplatz. Der Pfad steigt leicht auf und ab, ehe wir den Leuchtturm an der Ponta da Piedade erreichen (**1Std22Min**).

Der letzte Abschnitt nach Lagos führt hauptsächlich über die Landstraße. Am Leuchtturm vorbei geht es zum Parkplatz (**1Std24Min**; während der Saison Restaurant/Bar). Der Straße hinter dem Parkplatz folgen wir Richtung Lagos und nehmen dann den rechten Pfad (**1Std26Min**). Er entfernt sich ein wenig von der Straße und kreuzt nahe einem Restaurant (rechterhand) oberhalb des Strands bei Camilo eine Asphaltstraße (**1Std34Min**). Ab hier führt der Pfad quer durch ein steinig-sandiges Gebiet zurück zur Straße nach Lagos, auf die er durch zwei Torpfosten mündet (**1Std38Min**).

Wir folgen der Straße nach rechts und gehen an der Verzweigung geradeaus weiter (**1Std40Min**; jedoch rechts abbiegen, falls man den herrlichen Strand von Praia Dona Ana sehen und vielleicht den Küstenpfad nach Lagos nehmen möchte). Zehn Minuten später schwenken wir rechts durch die Stadtmauer und folgen den Einbahnstraßen; an der Ampel biegen wir nach links (**1Std55Min**). Fünf Minuten später kommt der zentrale Platz in Sicht (**2Std**).

2 LUZ • BURGAU • LUZ

Entfernung/Gehzeit: 9,5 km; 2Std10Min

Schwierigkeitsgrad: Leicht. Lediglich ein nennenswerter Aufstieg auf eine Landspitze; die Fußwege sind zwar teilweise steinig, doch überwiegend in gutem Zustand.

Ausrüstung: Feste Schuhe oder Stiefel, langärmeliges Hemd, kurze oder lange Hosen, Badezeug, Sonnenbrille, Sonnencreme, Pullover, Regenschutz, Proviant, Trinkwasser

Anfahrt: 🚌 von Lagos nach Luz (Fahrplan 1). Fahrzeit 11Min. 🚗: Unmittelbar bei der Einfahrt nach Luz dem Wegweiser nach links Richtung »Praia da Luz« folgen und auf dem Parkplatz an der Küste parken.

Rückfahrt: 🚌 von Luz nach Lagos (Fahrplan 1) oder 🚗.

Kurzwanderung: Von Luz nach Burgau (4,7 km; 1Std05Min; Schwierigkeitsgrad und Ausrüstung wie oben). Der Hauptwanderung bis Burgau folgen und dann mit dem Bus zurück nach Lagos fahren (Fahrplan 1). Fahrzeit 22Min.

Längere Wanderung: Siehe Wanderung 1 für Hinweise zu längeren Wanderungen einschließlich der Möglichkeit, zwischen Luz und Salema zu wandern.

Dieser Abschnitt des Küstenpfades verläuft westwärts von Luz und ist am leichtesten und kürzesten. Obwohl es unterwegs keine Sandbuchten gibt, erwartet uns Burgau mit einem langen Strand — ideal zum Schwimmen oder ganz einfach zum Entspannen. Siehe Wanderung 1 und 3 für weitere Hinweise zu Luz und Burgau.

Nach 40 Minuten Wanderzeit: eine Amerikanische Agave (im Vordergrund). Die Agave wurde vor über zweihundert Jahren aus Mexiko in den Mittelmeerraum eingeführt. Heute ist sie hier überall heimisch geworden — sogar an den südwestlichen Atlantikküste.

Entlang des Küstenpfades von Lagos nach Salema ist eine Fülle von Wildblumen anzutreffen. Die schönste Blütenpracht findet man zweifellos im Frühjahr; viele Pflanzen, insbesondere Zistrosen und andere Sträucher, haben jedoch eine längere Blütenperiode. Kalksteinkliffs, tiefe Täler, die den Pflanzen vor Wind und Salzluft Schutz bieten, und tiefrote, grobsandige Böden gehören zu den verschiedenen Lebensräumen, die zu sehen sind. Orchideen sind besonders in Kalksteingebieten verbreitet. Das kurze Gras verbirgt viele Ragwurzarten, darunter *Ophrys bombyliflora, O. lutea* und *O. speculum* (Spiegelragwurz). Auch *Serapias parviflora* ist anzutreffen. Weniger häufig sind zwei entzückende Narzissen — *N. bulbocodium* und die winzige Jonquille (*N. gaditanus*). Ebenfalls auf Kalkstein ist die Zwergpalme (*Chamaerops humilis*) ganzjährig anzutreffen — die einzige in Europa heimische Palmenart. Sie entwickelt fast keinen Stamm, und die Blüten sind in einem dichten Blätterbüschel verborgen.

Weit verbreitet an der Steilküste ist die gelbblühende *Asteriscus maritimus;* sie gehört zur Familie der Margeriten. Zistrosen sind mit der Weißlichen Zistrose (*Cistus albidus*) und der Salbeiblättrigen Zistrose (*Cistus salvifolius*) vertreten. Anzutreffen ist auch *Halimium commutatum,* ein Sandröschen mit gelben Blüten. Zur selben Familie gehört das einjährige Gefleckte Sandröschen (*Tuberaria guttata*), das kleine gelbe Blüten mit einem dunklen Fleck im Mittelpunkt besitzt. Die Irisarten sind so weitverbreitet, daß sie nicht zu übersehen sind. *Iris sisyrinchium* öffnet die Blüten nur in den Mittagsstunden. Zwei weitere Blumen, die in dieser kurzen Liste erwähnt werden sollen, sind ziemlich verbreitet: die Strandkresse (*Lobularia maritima*) mit duftenden kleinen weißen Blüten und die blaublühende Schopfige Bisamhyazinthe (*Muscari comosum*).

Die Wanderung beginnt am Küstenparkplatz östlich von Luz und führt zunächst auf der Uferpromenade nach Westen (weg vom Obelisk). Am Ende der Promenade biegen wir nach rechts und lassen die Kirche rechts liegen (**5Min**), um gleich darauf in die erste Straße nach links einzubiegen. Es geht jetzt hinaus in die offene Landschaft. Die Straße wird (**9Min**) zum Weg und endet sechs Minuten später: Hier nehmen wir den Pfad, der schräg links zur Küste führt.

Wie riesige rote Pflastersteine fallen links die Felsschichten ins Meer ab, während der Fußweg sicher weiter landeinwärts verläuft. Bei den drei tiefen Löcher zur Linken (**19Min**) ist Vorsicht geboten. Dann führt der Pfad links um einen erhobenen flachen Bereich herum, um ein etwas höheres Niveau zu erreichen (**23Min**). Bei Erreichen der Felsenbucht (**26Min**) folgen wir dem Pfad rechts hangaufwärts zu einem Haus. Zwei Minuten später, genau vor dem Haus, folgen wir dem Pfad nach links, der in einen Feldweg mündet. Dieser Weg verläuft entlang der Küste und verengt sich allmählich, so daß wir uns schließlich (**38Min**) auf einem Pfad befinden, der auf die Mitte der vor uns liegende Anhöhe zusteuert. Zurückblickend kann man den Obelisk bei Luz und dahinter den Leuchtturm bei Lagos erkennen. Ganz in der Nähe stehen Zwergpalmen und Amerikanische Agaven (Foto gegenüber).

Es ist noch ein kurzer, steiler Anstieg zu bewältigen, bis

wir von der Anhöhe einen weiten Ausblick haben (**41Min**). Burgau liegt jenseits der Windmühle, die wir vor uns sehen, und an einem klaren Tag kann man die gesamte Küste bis Sagres erblicken.

Vorsicht beim Abstieg auf dem steinigen Fußweg, der am Rande der Steilküste weiterführt. Die Felsen brechen hier steil zum Meer ab, und bald wandern wir auf einem breiten Felsvorsprung, der sich teilweise verengt. Schwindelanfällige Personen können diesen Abschnitt vermeiden, indem sie am Rande des rechten Feldes entlanggehen. Die Stelle nahe der Windmühle (**53Min**) eignet sich als Picknickplätzchen, bietet aber keinen Schatten.

Nach etwa fünf Minuten nähern wir uns den Bunkern am Stadtrand von Burgau und gehen nach rechts hinauf, um auf einen holprigen Weg zu gelangen; die Bunker lassen wir links liegen. Nach **1Std** kommt Burgau in Sicht. Wir schwenken nach rechts, um auf einer Straße in das Dorf hinunterzugehen. (Hier gibt es zwei Wege; auf dem Rückweg müssen wir den tieferliegenden nehmen.) Beim Hineingehen in das Dorf (**1Std03Min**) biegen wir nach links zum Meer, vorbei an Toiletten (rechts), und gehen nach rechts am Ufer entlang zum Fischerhafen (auf Seite 30 abgebildet; **1Std05Min**).

Wir kehren auf demselben Weg nach Luz zurück (**2Std 10Min**); auf der Kurzwanderung geht man die enge Straße vom Hafen zur Bushaltestelle in Burgau hinauf.

3 BURGAU • PONTA DA ALMADENA • BOCA DO RIO • SALEMA • BURGAU

Entfernung/Gehzeit: 11 km; 3Std

Schwierigkeitsgrad: Mittel. Diese Küstenwanderung führt über viele Landspitzen, daher geht es ziemlich hoch und runter. Einige Fußwege sind steinig und können schwierig sein.

Ausrüstung: Feste Schuhe oder Stiefel, langärmeliges Hemd, kurze oder lange Hosen, Badezeug, Sonnenbrille, Sonnencreme, Pullover, Regenschutz, Proviant, Trinkwasser

Anfahrt: von Lagos nach Burgau (Fahrplan 1). Fahrzeit 22Min. : Nach Ankunft in Burgau rechts beim Busunterstand in die breite Straße einbiegen und hier parken. Nicht versuchen, mit dem Auto durch die engen Straßen zum Ufer zu fahren.
Rückfahrt: von Burgau nach Lagos (Fahrplan 1) oder .

Kurzwanderungen: Gleiche Ausrüstung wie oben.

1 Burgau — Ponta da Almadena — Burgau (4,6 km; 1Std10Min). Leicht, es gibt jedoch einige Steigungen und steinige Pfade. Den ersten 35 Minuten der Hauptwanderung bis zu dem geschützten Strand an der Ponta da Almadena folgen. Hier befindet sich ein Café, in dem man Essen und Getränke bekommt. Rückkehr auf dem gleichen Weg.

2 Burgau — Boca do Rico — Burgau (7,6 km; 2Std). Mittelschwer. Entsprechend der Hauptwanderung zum Strand an der Boca do Rio gehen, wo römische Ruinen zu sehen sind. Rückkehr auf dem gleichen Weg.

3 Burgau nach Salema (5,5 km; 1Std27Min). Mittelschwer. Entsprechend der Hauptwanderung bis nach Salema gehen und von dort mit dem Bus nach Lagos zurückfahren (Fahrplan 2); Fahrzeit 32Min.

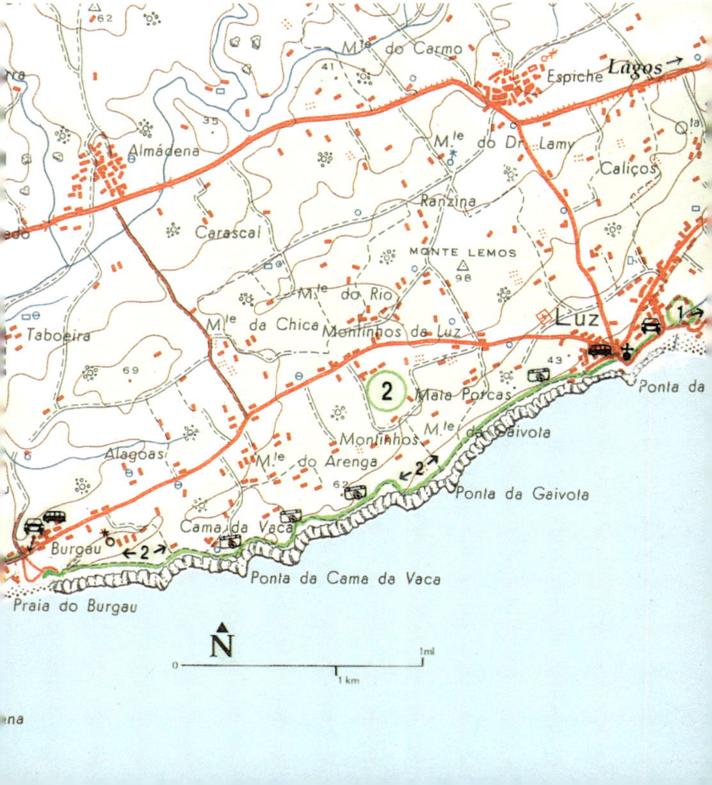

Burgau (siehe Abbildung Seite 30) gehört zu den wenigen Fischerdörfern der Algarve, die ihren Charme und ursprünglichen Charakter bewahrt haben. Die Hauptstraße des Dorfes führt zum Meer hinunter, wo Fischerboote für ein buntes Farbenspiel sorgen. Diese Wanderung entlang der Felsküste nach Salema ist ein einziges Rauf und Runter — man erklettert die Kliffs, um auf der anderen Seite wieder hinunter zu gehen. Die beiden kleinen Strände, an denen man vorbeikommt, bieten sich für eine Unterbrechung an — allerdings verschwindet der Strand an der Ponta da Almadena bei Flut.

Der Bus hält an der Ecke der breiten Straße (wo es auch Platz zum Parken gibt). **Die Wanderung beginnt** an der Bushaltestelle und führt die breite Straße hinunter; links liegt das Meer. Nach **3Min** lassen wir die letzten Häuser hinter uns und nehmen den linken Pfad, der auf die Landzunge führt. Ein steiler Aufstieg für den Anfang, aber die Frühlingsblumen (siehe Erläuterungen zu Wanderung 2) sind ein guter Anlaß für eine Verschnaufpause. Oben auf der Landzunge (**6Min**) hat man eine schöne Sicht auf Lagos. Auch der Obelisk oberhalb von Luz und der Leuchtturm bei Lagos sind zu sehen. Wir folgen dem Pfad über die Landzunge hinunter in eine Niederung. Rechts stehen Bauernhäuser in der unfruchtbaren Landschaft. Eine zweite Senke ist zu durchqueren; beim erneuten Aufstieg mündet der Pfad in einen holprigen Weg (**12Min**). Wir halten uns auf dem Weg an der Küste — mit guter Sicht auf die Kiesstrände hinab. Schließlich (**25Min**) sehen wir Salema vor uns, in größerer Entfernung dahinter die Landspitze von Sagres. Dann (**29Min**) führt der Weg durch einen Einschnitt hinunter, um nach einer Minute auf einen Querweg zu treffen. Hier müssen wir scharf nach rechts biegen, aber von diesem Weg nach weniger als einer Minute wieder abbiegen, um auf einem Pfad zu einer kleinen Bucht an der Ponta da Almadena hinunterzugehen (Picknick 3a; **35Min**). Vom Café hinten am Sandstrand hat man eine so wunderbare Aussicht, daß es fast unmöglich ist, einfach vorbeizugehen — ob man nun durstig ist oder nicht.

Über den Strand gehen wir in Richtung Meer, um den Pfad zu finden, der an der Küste weiterführt. Anfangs gibt es einen kurzen steilen Aufstieg, aber dann (**39Min**) sind wir wieder auf dem Kliff. Vor uns sehen wir ein altes Fort, aber noch ehe wir es erreichen, müssen wir noch ein Haus umgehen. Wo wir die Mauer erreichen (**40Min**), laufen wir rechts um das Haus herum. Dahinter betreten wir wieder den Küstenpfad und gehen auf das Fort an der Steilkante des Kliffs zu. Unmittelbar vor dem Fort gibt es eine Auswahl mehrerer Pfade; wir halten uns rechts. Wir erreichen es (**50Min**; Picknick 3b) und gehen auf der anderen Seite weiter. Wir halten uns auf dem Küstenpfad, der nun nach rechts schwenkt und steil zur Bucht der Boca do Rio abzusteigen beginnt. Die Bucht liegt in der Mündung eines Tals mit flacher Talsohle;

Picknick 3b: Der Blick zurück auf das Fort jenseits des Strandes an der Boca do Rio. Im Vordergrund, knapp verdeckt, liegen römische Ruinen.

kurz bevor wir unten ankommen, mündet der Pfad an einer Ruine (links) auf einen sehr holprigen Weg (**56Min**; für den Rückweg merken). Wir biegen nach links und folgen diesem Weg hinunter zum Flußufer, wo wir nach rechts zur Beton-Fußgängerbrücke schwenken (**59Min**) und den Fluß überqueren (Picknick 3c). Das Küstenhinterland ist hier gut zur Beobachtung von Vögeln geeignet.

Hinter der Brücke wendet sich der Pfad zum Meer hin, trifft aber sogleich auf einen Feldweg, auf den wir nach rechts landeinwärts biegen (wer zur Küste gehen oder das eingezäunte Gebiet mit den Resten einer römischen Siedlung inspizieren möchte, biegt nach links ab). Kurz darauf (**1Std01Min**) mündet der Feldweg auf einen befestigten Weg, wo wir rechts außen an einem Zaun entlanggehen. An der Verzweigung, die wir zwei Minuten später erreichen, wenden wir uns links zum Meer hin — weiter am Zaun entlang. Der Weg entfernt sich vom Zaun und führt zurück auf die Küstenroute. Dann (**1Std11Min**) schwenkt der Hauptweg landeinwärts; wir jedoch nehmen links den schmaleren Weg, der weiter an der Küste verläuft (Abbildung oben). Salema liegt verlockend nahe. Landeinwärts hat man eine gute Sicht auf Monchique sowie die Zwillingsgipfel Foia (Wanderung 4 und 5) und Picota (Wanderung 8). Bei einem Haus (**1Std20Min**) nehmen wir den deutlichen Fußweg, der links steil bergabführt. Vorsichtig steigen wir die niedrige Mauer zur Straße hinunter und gehen links zum Strand mit seinen Restaurants und Cafés hinunter (**1Std27Min**).

Die Rückkehr nach Burgau erfolgt auf dem gleichen Weg (**3Std**).

4 FONTE (FOIA-STRASSE) • MADRINHA • PÉ DO FRIO • CHILRÃO • FONTE (FOIA-STRASSE)

Entfernung/Gehzeit: 12,5 km; 3Std **Siehe Karte Seite 72-73**

Schwierigkeitsgrad: Mittel bis schwer. Im ersten Teil kommt ein Abstieg über 375 Höhenmeter, der auf dem Rückweg wieder bewältigt werden muß. Die Wege sind allgemein gut.

Ausrüstung: Feste Schuhe oder Stiefel, langärmeliges Hemd, lange Hosen, Sonnenbrille, Sonnencreme, Pullover, Regenschutz, Proviant, Trinkwasser

An- und Rückfahrt: Nur mit 🚗. Von Monchique den Wegweisern zur Foia folgen. 200 m hinter dem *miradouro* (6 km hinter Monchique) unten auf dem nach links abbiegenden Weg parken.

Kürzere Wanderungen: Ausrüstung wie oben.

1 Fonte — Madrinha — Fonte (3 km/45Min). Leichte Wanderung, aber mit unebenen Stellen. Der Hauptwanderung bis zum Madrinha-Gipfel folgen, um dort die Aussicht zu genießen. Zurück bis zum Querweg (25Min.-Stelle), aber jetzt geradeaus, vorbei an den Wegen links und rechts, auf den Radarturm der Foia zu; links unten liegt ein Tal. Der Weg führt hangparallel zurück zum Parkplatz in der Nähe des *miradouro*.

2 Fonte — Pé do Frio — Chilrão — Fonte (11,3 km/2Std37Min). Schwierigkeitsgrad und Wegbeschreibung entsprechend der Hauptwanderung, aber den Aufstieg zur Madrinha weglassen.

Die *serras* bauen den nördlichsten Teil der Algarve auf und sind im allgemeinen nichtssagend und eintönig. Auf schiefrigem Ausgangsgestein entstanden saure Böden, die einförmige *matos*-Vegetation begünstigt, in der die Lack-Zistrose dominiert. Ganz anders die Serra de Monchique: ihre größere Höhenlage verschafft ihr eine imponierende Allgegenwärtigkeit, und ihr granitischer Aufbau sorgt für eine abwechslungsreichere Pflanzenwelt. In dieser Gegend sind die anspruchsvollsten Wanderungen der Algarve möglich — wir haben fünf Wanderungen zusammengestellt, die mit allen Seiten dieser faszinierenden und abwechslungsreichen Region vertraut machen.

Nach der Ersteigung des nahegelegenen Madrinha-Gipfels (802 m) führt die Wanderung über die westlichen Hänge hinab zu zwei kleinen Dörfern, bis es auf einer anderen Route wieder zurückgeht. Die Tour beginnt 200 m hinter

Pé do Frio — lediglich eine lockere Ansammlung von Bauernhäusern

dem ausgeschilderten Aussichtspunkt »Fonte/Miradouro« unterhalb des Foia-Gipfels. Es ist nicht ungewöhnlich, hier Einheimische anzutreffen, die den Passanten heimische Produkte anbieten. Normalerweise werden Honig und *medronho* (ein Likör, der aus den Früchten des Erdbeerbaumes gewonnen wird; siehe Seite 73 für weitere Informationen) verkauft.

Wir beginnen unsere Wanderung mit der Straße im Rücken und nehmen den linken Weg, der etwas holprig am vor uns liegenden Hügel entlangführt. Kurz nachdem sich der Weg zu einem Pfad verengt hat (**2Min**), nehmen wir den mittleren Pfad an einer Dreifachgabelung. Der markierte Pfad, der hangparallel bis zum Feuerwachturm auf der Madrinha führt, bietet jetzt schöne Ausblicke auf die Küste. Vorbei an den links abzweigenden Pfaden halten wir uns an die roten und gelben Wegmarkierungen, die teilweise schwer auszumachen sind. An einer Verzweigung von Pfaden (**6Min**) biegen wir rechts ab, dann sogleich links auf den Querpfad weiter in Richtung Madrinha. Wir folgen dem markierten Pfad durch Zistrosen unterhalb der Uferböschung eines Teichs zur Rechten. Weiter links unten befindet sich ein weiterer, etwas versteckter Teich. Wir sind jetzt unterhalb der Madrinha und gehen den Weg geradeaus (**8Min**). Eine Minute später schlängelt sich der Pfad nach links, dann rechts auf eine Gruppe von Eukalyptusbäumen zu. Obwohl der Gipfel rechts oben ganz in der Nähe zu sein scheint, führt der Aufstieg weit um den Berg herum. Wir lassen die Bäume hinter uns und gehen auf die nächste Ansammlung von Eukalyptusbäumen zu. Weite Ausblicke über sanftgewellte Hügel, die sich in zeitloser Bewegung zur Küste erstrecken, ziehen unsere Aufmerksamkeit auf sich. Portimão und Lagos sind die beiden größten Küstenstädte, die an klaren Tagen zu sehen sind. An der **16Minuten**-Stelle halten wir uns an der Verzweigung rechts und erreichen (**17Min**) einen breiteren Weg.

Für den Aufstieg zum Gipfel biegen wir hier nach rechts (links für Kurzwanderung 2) und folgen dem holprigen Weg bergauf bis zu einem Querweg (**25Min**). Wir nehmen den Anstieg rechts (links für Kurzwanderung 1) und erreichen (**29Min**) den Gipfel, auf dem sich ein trigonometrischer Meßpunkt und ein Feuerbeobachtungsposten befinden. Einer der besten Aussichtspunkte der Gegend — an klaren Tagen überblickt man die Algarve in ihrer gesamten Breite.

Wir kehren auf dem gleichen Weg zu der Stelle zurück, an der unser Gipfelabstecher begonnen hat. Dann (**41Min**) sind wir wieder dort und gehen den Weg durch ein Eukalyptuswäldchen hinunter. Wir müssen geradeaus weitergehen, wo ein Waldweg links einmündet (**48Min**). Zwei Minuten später teilt sich der Weg; wir können links oder rechts gehen, denn die Wege führen bald wieder zusammen. Beide sind uneben und steil. Wir gehen weiter geradeaus bergab, an allen Abzweigungen vorbei; links sehen wir den Picos-Gipfel, rechts Pé do Frio. Schließlich (**1Std08Min**) stoßen wir auf einen

Hauptweg, der neuen Strecke nach Pé do Frio. Da die alte Route aber landschaftlich reizvoller ist, überqueren wir den breiten Weg und nehmen den schmaleren, der rechts und parallel zum Hauptweg verläuft. Nach zwei Minuten halten wir uns an der Verzweigung rechts — jenseits des Tals liegt Pé do Frio. Wo der Hauptweg links hinunterschwenkt (**1Std 12Min**), müssen wir uns geradeaus auf dem kleineren Weg halten und das kleine Haus rechts liegen lassen. Zitrushaine fügen einen neuen Grünton in die Landschaft ein, der mit den Korkeichen in der Nähe kontrastiert. An einer Verzweigung (**1Std22Min**) biegen wir nach rechts, um in den Mittelpunkt der Ortschaft Pé do Frio zu gelangen. Nach weniger als einer Minute stoßen wir auf den Hauptweg und biegen nach links.

Schon bald kommt Chilrão in Sicht. Es besteht ebenfalls lediglich aus einer Ansammlung von Bauernhäusern ohne irgendwelchen Geschäften (**1Std42Min**). Auf dem Hauptweg laufen wir durch das Dorf und halten uns nach zwei Minuten an der Verzweigung geradeaus (ausgeschildert nach Portelo da Viuva). Wir gehen (**1Std46Min**) geradeaus weiter, wo links ein Weg einmündet, halten jedoch nach einem holprigen Weg Ausschau, der nach knapp einer Minute rechts ansteigt; hier beginnt sich auch der Hauptweg nach rechts zu wenden. Allmählich wandern wir bergauf und genießen den Blick nach links. Über einen schrägen Querweg (**1Std57Min**) gehen wir geradeaus hinweg. Während wir in Richtung Foia-Gipfel gehen, gibt es immer weniger Schatten. Der Weg führt über einen Bach (**2Std02Min**); nach etwas weniger als zwei Minuten halten wir uns rechts, wo ein holpriger Weg geradeaus weiterführt. Wir bleiben auf dem Weg, der einen Bogen um fast 90° nach rechts zurück in Richtung Foia macht; rechts fällt der Blick in ein Tal. Dann (**2Std16Min**) führt ein Weg vor uns bergab, doch halten wir uns links. Nach einer Minute folgen wir dem Weg scharf nach links. An dieser scharfen Kurve genießt man eine spektakuläre Aussicht, insbesondere auf die steilen Terrassen direkt unterhalb des Madrinha-Gipfels. Man kann auch die Zickzackwege unterhalb des Foia-Gipfels erkennen, auf die wir noch kommen werden. Dann (**2Std20Min**) folgen wir dem Hauptweg um eine scharfe Rechtsbiegung, wo ein kleinerer Weg geradeaus weiterführt. Zwei Minuten später biegen wir nach links und nehmen dann den mittleren Weg einer Dreifachgabelung (**2Std32Min**).

Auf dem Hauptweg geht es stetig bergauf. Nach Verlassen eines schattigen Eukalyptuswaldes (**2Std34Min**) wird deutlich, daß wir hufeisenförmig um das unten rechts liegende Tal herumgehen. Pé do Frio und Chilrão sind unten zu erkennen. Bald kommt eine Weggabelung (**2Std51Min**), an der wir links bergauf gehen. Auf diesem Abschnitt hat man schöne Ausblicke auf alte Terrassen und Bauernsiedlungen. Der Weg steigt an und mündet auf die Asphaltstraße (**2Std58Min**) und bringt uns zurück zum Ausgangspunkt auf der rechten Seite (**3Std**).

5 MONCHIQUE • FOIA • MONCHIQUE

Entfernung/Gehzeit: 11,2 km; 2Std40Min **Siehe Karte Seite 72-73**

Schwierigkeitsgrad: Mittel. Monchique liegt auf einer Höhe von ungefähr 400 m, so daß bis zum Foia-Gipfel noch ein Aufstieg über 500 Höhenmeter zu bewältigen ist. Die Strecke verläuft zwar ziemlich direkt, ist aber selten besonders steil, was die Wanderung weniger anstrengend macht als es scheint.

Ausrüstung: Feste Schuhe oder Stiefel, langärmeliges Hemd, lange Hosen, Sonnenbrille, Sonnencreme, Pullover, Regenschutz, Proviant, Trinkwasser

Anfahrt: 🚌 von Portimão nach Monchique (Fahrplan 3). Fahrzeit 32-45Min. 🚗: Auf dem Hauptplatz in Monchique oder bei der Einfahrt auf diesen Platz rechts am Aussichtspunkt parken.
Rückfahrt: 🚌 zurück nach Portimão (Fahrplan 3) oder 🚗

Kurzwanderungen

1 Monchique — Franziskanerkloster — Monchique (1,6 km; 21Min; leicht; keine besondere Ausrüstung erforderlich). Entsprechend der Hauptwanderung bis zu den Ruinen des Klosters aus dem 17. Jh. gehen; Rückkehr auf dem gleichen Weg.

2 Vom Foia-Gipfel nach Monchique (5,6 km; 1Std20Min). Schwierigkeitsgrad und Ausrüstung wie die Hauptwanderung. Von Monchique 8 km mit dem Taxi zum Foia-Gipfel fahren und der Wegbeschreibung in umgekehrter Richtung bergab folgen. Zunächst vom Parkplatz zur nächstgelegenen Antennenanlage hinabgehen, um den Weg nach links zu finden.

Mit 902 m ist die Foia die höchste Erhebung der Algarve, der Gipfel — mit Antennenanlagen, Betonobelisk, Restaurant und Souvenirläden — ist jedoch nicht besonders schön. Dennoch: Man genießt einen herrlichen Panoramablick, und wenn man das Glück hat, an einem klaren Tag hier oben zu sein, kann man auf der Südseite Sagres mit dem Cabo de São Vicente erkennen — einem der westlichsten Zipfel des europäischen Festlandes. Nach Norden hin sind die Gebirgsketten südlich von Lissabon zu sehen. Monchique scheint bei der Ankunft auf dem Hauptplatz wenig Interessantes zu bieten, aber den wahren Charakter des Ortes entdeckt man erst in den engen Gassen, wo unsere Wanderung beginnt.

Die Wanderung beginnt am Hauptplatz (Largo 5 Outubro), wo wir aus dem Bus steigen. Wir verlassen den Platz an der oberen rechten Ecke (von unserer Einfahrt aus gesehen) auf der schmalen gepflasterten Straße nach rechts (Rua de Porto Funda). Nach weniger als einer Minute biegen wir links in eine schmale Gasse ein (Travessa das Guerreiras) und steigen die flachen Stufen empor, um eine schmale Straße zu überqueren (**2Min**), und weiter hochzugehen. An der nächsten Verzweigung (nach knapp einer Minute) halten wir uns am Café, das an der gegenüberliegenden Ecke steht, rechts und schwenken vor den Ruinen des Colegio de Santa Catarina nach links. Wir gehen weiter hoch und schwenken nach rechts (**4Min**): Ein steiler Aufstieg führt uns aus Monchique heraus. Dann (**6Min**) führt die Straße rechts hinunter, wir jedoch gehen geradeaus weiter, um auf einen alten Weg zu gelangen, der an einer Pumpstation und einer Anbetungsstätte in der Mauer (beide links) vorbeiführt. Bald hat man einen guten Blick nach links auf Monchique und nach rechts auf den Picota-Gipfel mit seinem trigonometrischem Meßpunkt und Feuerbeobachtungsposten (siehe Wanderung 8). Wir gehen an einer Rechtsabzweigung vorbei, an der ein alter Weg einen Bogen nach rechts macht (**9Min**), und geradeaus weiter zu den Ruinen des Franziskanerklosters Nossa Senhora de Desterro (1623).

Am Kloster (Picknick 5; **11Min**) gehen wir rechts vorbei und dahinter weiter, ehe wir einen Pfad nehmen, der sich direkt durch den Wald entfernt. Von Korkeichen beschattet führt der Weg auf gleichbleibender Höhe um den Hang herum, bis er etwas ansteigt und auf einen alten Weg trifft (**13Min**). Hier biegen wir nach links, um den Eichenwald zu verlassen und einen steileren Aufstieg zu beginnen. Der Weg schwenkt nach links und teilt sich kurz danach (**17Min**); wir halten uns rechts, um nach knapp einer Minute auf einen breiten, befestigten Weg zu treffen, dem wir nach links folgen. Gleich darauf biegen wir rechts auf einen holprigen Weg ein. Nach einer Minute bergan nehmen wir den Pfad, der links abzweigt (**19Min**). Der stete Aufstieg führt durch schattige Wälder; dann (**22Min**) gelangen wir auf einen weiteren Weg und biegen nach rechts.

Der Duft von Kiefern und Eukalyptus mischt sich, während wir über einen weichen Laubteppich schreiten. Am nächsten

Weg (**27Min**) wenden wir uns nach links. Ein kurzer, steiler Abstieg führt uns auf einen Hauptweg hinunter; drei Minuten später erreichen wir eine Rechtsabbiegung. Wir gehen links weiter und kreuzen einen Bach, der nach Monchique fließt. Wo der Hauptweg scharf nach rechts schwenkt (**36Min**), müssen wir geradeaus auf dem schmalen Waldweg weitergehen und uns auf den bevorstehenden steileren Aufstieg einstellen. Das Sonnenlicht fällt durch das Blätterdach der Eukalyptusbäume und erzeugt auf dem Boden ein Spiel aus Licht und Schatten. Wir gehen geradeaus weiter, wo (**39Min**) links ein Weg einmündet (**39Min**) sowie fünf Minuten später ein Weg schräg kreuzt.

Der Foia-Gipfel mit seiner auffälligen Antennenanlagen kommt in Sicht, während wir aus dem Wald heraustreten. Hier schwenkt der Weg scharf nach rechts, und man kann den großen Stausee Barragem da Bravura im Südwesten ausmachen. Wir halten uns auf dem Weg, der in Serpentinen ansteigt; in einer erneuten scharfen Rechtskurve steht links ein Bauernhaus (**51Min**). Ab hier läßt die Steigung nach; 200 Höhenmeter unterhalb der Foia bekommt man langsam einen Vorgeschmack auf die Aussicht vom Gipfel. Zeitweilig bieten kleine Baumgruppen, darunter Kastanien, etwas Schatten. Wo man eine freie Sicht hat, ist die unmittelbare Umgebung (siehe unten) genauso interessant wie der Blick in die Ferne. Steile Hänge werden von Terrassen gegliedert, einsame Bauernhöfe liegen schimmernd in der Sonne, und das Gefühl von Abgeschiedenheit wird vom Klang entfernter Kuhglocken verstärkt. Wir erreichen den Gipfel (**1Std18Min**) und gehen nach rechts, um die Läden, das Restaurant und den Parkplatz zu finden. Nach einer Erfrischung gehen wir den gleichen Weg zurück (**2Std40Min**).

Die offene Landschaft unterhalb des Foia-Gipfels. Zu den Pflanzen, die man während der Vorsaison auf dieser Wanderung antreffen kann, gehören die kleinen trichterförmigen, fliederfarbenen Blüten von Romulea bulbocodium, die blaue Scilla monophyllos (leicht an ihrem einzigen Blatt zu unterscheiden), und die Grüne Stendelwurz (Epipactis helleborine).

6 MONCHIQUE — CALDAS DE MONCHIQUE

Entfernung/Gehzeit: 6,4 km; 1Std26Min

Schwierigkeitsgrad: Leicht. Die Wanderung verläuft zumeist auf Wegen.

Ausrüstung: Feste Schuhe oder Stiefel, langärmeliges Hemd, kurze oder lange Hosen, Sonnenbrille, Sonnencreme, Pullover, Regenschutz, Proviant, Trinkwasser

Anfahrt: 🚌 von Portimão nach Monchique (Fahrplan 3). Fahrzeit 32-45Min.
Rückfahrt: 🚌 von Caldas de Monchique nach Portimão (Fahrplan 3). Fahrzeit 29Min.

Variante: Monchique — Caldas (8,5 km; 2Std05Min; Schwierigkeitsgrad, Ausrüstung wie oben). Die Hauptwanderung vereint sich mit Rundwanderung 7 und nimmt die kürzere Route zurück nach Caldas. Auf dieser längeren Variante kann man, nachdem man auf Wanderung 7 an der 1Std20Min-Stelle stößt, die Rundwanderung in entgegengesetzter Richtung machen. Hier nach rechts biegen und der Wegbeschreibung von Wanderung 7 in umgekehrter Richtung folgen.

Diese Wanderung verbindet Monchique und Caldas de Monchique mit einem absoluten Minimum an Wegführung über Straßen. Wer keine Zeit hat, sowohl von Monchique als auch Caldas aus Wanderungen zu unternehmen, hat hier

Gelegenheit, beide Orte kennenzulernen. Man kann auch Wanderung 8 machen, um Monchique und den Picota-Gipfel zu genießen und anschließend auf dem Platz in Caldas auszuspannen — jenem kleinen, interessanten Kurort, der auf Seite 36 abgebildet und auf Wanderung 7 beschrieben ist. Die Route führt durch ein landwirtschaftlich genutztes Tal, das im Frühjahr durch die Mandelblüte in blaßrosa Farbtöne getaucht wird — später erfüllt der köstliche Duft von Orangen und Zitronen die Luft. Oliven und Feigen sind ebenfalls anzutreffen, doch wächst hier eine ganz besonders wertvolle Frucht, unbeachtet von vielen Besuchern: Die Frucht des um Caldas herum besonders häufigen Erdbeerbaumes *(Arbutus unedo)*.

Wie der lateinische Name andeutet, ißt man von diesen Früchten nur eine! Sie sind ungenießbar, aber man gewinnt aus ihnen einen hervorragenden Branntwein (*aguardente*) namens *medronho*. Der Baum blüht im September und Oktober; zu dieser Jahreszeit beginnen die Vorjahresfrüchte zu reifen und einer Erdbeere wirklich zu ähneln. Erst jetzt können sie geerntet werden. Die Früchte werden in hölzernen Fässern knapp mit Wasser bedeckt und zu Alkohol vergoren. Durch die natürlichen Hefepilze, die sich bereits an den Früchten befinden, setzt die Gärung ein. Die Fässer werden mit Lehm abgedichtet und

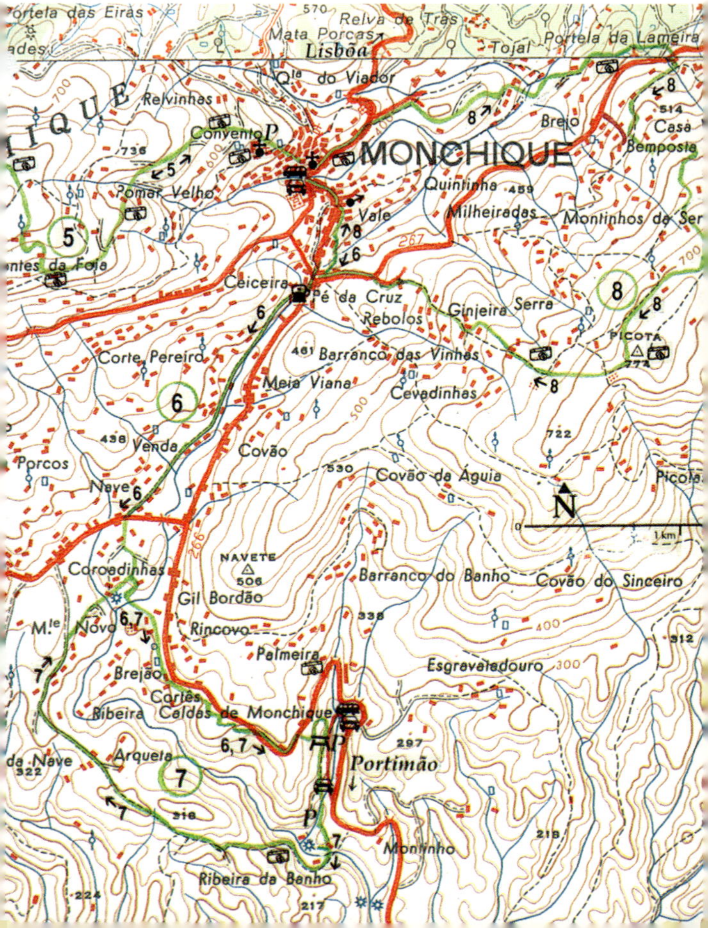

Bauernhof bei Caldas (nach 25 Minuten Gehzeit)

ein Gärröhrchen wird aufgesetzt, um den Alkohol vor weiterer Umwandlung zu schützen. Der Gärvorgang ist normalerweise im Januar abgeschlossen, und es kann destilliert werden. Für diesen Vorgang wird ein besonders konstruierter Kupferkessel benutzt, der über einem Holzfeuer erhitzt wird. Ein mittelgroßer Kessel faßt etwa 100 kg des vergorenen Saftes. Die Masse muß mit der Hand gerührt werden, um ein Anbrennen zu verhindern, bis die Röhren zur Destillation aufgesteckt werden. Eine langsame und stetige Destillation bringt das beste Ergebnis und erzeugt *medronho* mit rund 50% Alkoholgehalt.

Wir verlassen Monchique vom Markt aus auf der Straße nach Portimão. Nach **3Min** biegen wir links auf einen gepflasterten Weg ein, der zwischen Häusern hindurchführt. Eine Minute später am Querweg (gegenüber einem Wasserhahn) biegen wir nach rechts. Nach **6Min** halten wir uns rechts und folgen einem Pfad links an einer Mauer entlang, um ein neues Gebäude rechts zu umgehen. Wir gehen abwärts und biegen zwei Minuten später auf einen kreuzenden Pfad rechts ab. Wir stoßen auf einen Bach (**9Min**), der rechts von uns verläuft. Einem gepflasterten Pfad folgen wir hinunter zum Talboden. An einer Wegverzweigung (**11Min**) biegen wir nach rechts und gehen links an einem Haus vorbei. Der Weg führt aus dem Tal heraus auf die Straße nach Alferce (**15Min**).

Wir gehen in Richtung der Verkehrsinsel, die sich inmitten der Straße an der Kreuzung mit der nahegelegenen Straße Monchique/Portimão befindet, überqueren sie und laufen nach links zur Tankstelle — auf dem Straßenabschnitt, der von riesigen Platanen gesäumt wird. Wir biegen rechts in die Einfahrt zur Tankstelle (**16Min**), aber gehen zwischen der Tankstelle (links) und einem Restaurant (rechts) hindurch. Die Straße mündet sofort auf einen Weg. Nach zwei Minuten zweigt rechts ein Weg ab: wir gehen geradeaus auf der rechten Seite eines breiten bewirtschafteten Tales weiter. Wir halten uns auf dem Hauptweg, während es mit Blick auf Zitrusplantagen langsam abwärts geht. Eine Schule lassen wir links liegen (**37Min**) und gehen zur Straße nach Marmelete (**39Min**). Die Straße müssen wir zum direkt gegenüberliegenden Weg überqueren und dem Hauptweg nach links folgen, wo ein kleinerer Weg geradeaus weiterführt. Bald kommen wir an einer Ansammlung von Häusern vorbei und gehen zu einer Verzweigung hinab (**44Min**), an der wir uns rechts halten. Knapp zwei Minuten später nehmen wir hinter der Biegung den Pfad nach links. Ab hier folgen wir der Wegbeschreibung für Wanderung 7 (ab der 1Std20Min-Stelle) nach Caldas (**1Std26Min**).

7 RUNDWANDERUNG CALDAS DE MONCHIQUE

Entfernung/Gehzeit: 8,0 km; 2Std **Siehe Karte Seite 72-73**

Schwierigkeitsgrad: Leicht bis mittel. Einige wenige Steigungen sind zu bewältigen. Manche Wege sind steinig und nicht leicht begehbar.

Ausrüstung: Feste Schuhe oder Stiefel, langärmeliges Hemd, lange Hosen, Sonnenbrille, Sonnencreme, Pullover, Regenschutz, Proviant, Trinkwasser

An- und Rückfahrt: 🚌 von Portimão nach Caldas de Monchique (Fahrplan 3). Fahrzeit 30Min. 🚗: Von Portimão kommend, die *zweite* nach Caldas ausgeschilderte Straße nehmen (auf der ersten darf man nicht mit dem Auto ins Zentrum fahren). Auf der vorgesehenen Fläche parken.

Kurzwanderung: Caldas — Wassermühle — Caldas (2,0 km; 30Min; leicht; keine besondere Ausrüstung erforderlich). Entsprechend der Hauptwanderung bis zur schönen alten Wassermühle am Bach gehen; Rückkehr auf dem gleichen Weg.

Caldas de Monchique liegt versteckt in einem dicht bewaldeten Tal unterhalb einer Biegung der Hauptstraße und verrät wenig von sich, während man nach Monchique hinauffährt. Man könnte meinen, daß es nichts zu sehen gibt, aber dieser reizende Kurort entstand bereits in römischer Zeit, und seine Heilwässer sind bei einer ganzen Reihe von Beschwerden angezeigt. Die Einheimischen schwören darauf: jeden Tag stellen sie sich an, um ihre Wasserflaschen an der Quelle zu füllen. Die Tische mit den Sonnenschirmen auf dem Dorfplatz (abgebildet auf Seite 36) sind die richtige Umgebung, um *medronho* zu probieren (siehe Seite 73).

Die Wanderung beginnt am Parkplatz, wo wir uns rechts halten, um der Ausfallstraße von Caldas zu folgen (Picknick 7a). Bald darauf geht es an der Quelle (links) vorbei, kurz danach am Krankenhaus (**3Min**) und anschließend an der Mineralwasserfabrik, beide ebenfalls auf der linken Seite. Kurz vor Erreichen eines Buswartehäuschens auf der rechten Seite (**5Min**, gegenüber einem Picknickplatz; Picknick 7b), steigen wir rechts die gepflasterten Stufen zum Flußufer hinunter. Der Pfad setzt sich am Fluß entlang durch ein enges, belaubtes Tal mit weiteren Picknickplätzen fort. Wir überqueren die Brücke (**7Min**) und gehen weiter am Fluß entlang. Dann (**9Min**) gehen wir geradeaus weiter; der Pfad steigt an und vereint sich mit einem Weg von links. Drei Minuten später nehmen wir den Pfad scharf nach rechts, der zur alten Wassermühle an der Brücke hinunterführt (Abbildung Seite 77).

Wir kehren auf den Weg zurück (**14Min**) und gehen in die gleiche Richtung weiter. Die Sicht wird freier, während wir dem Weg folgen, der eine Biegung um 180 Grad nach rechts beschreibt, um den Fluß zu überqueren und zur gegenüberliegenden Talseite zu führen. Kurz nach einem Bauernhaus (rechts; **20Min**) endet der gute Weg; wir gehen geradeaus auf dem extrem holprigen und teilweise überwachsenen Weg weiter. Es folgt ein steiler Anstieg, der mit einer besseren Sicht auf Caldas und nach rechts auf den Foia-Gipfel entlohnt. Hier ist der Erdbeerbaum (siehe Seite 73) verbreitet. Auf dem Weg liegt viel loses Geröll, so daß bergab Vorsicht geboten ist. Unser Weg vereint sich mit einem holprigen Weg, der von links kommt (**31Min**). Wir gehen geradeaus auf diesem Weg durch Eukalyptuswäldchen weiter, vorbei an allen Linksabzweigungen. Dann (**51Min**) erreichen wir in einem Landwirtschaftsgebiet den höchsten Punkt der Wanderung.

Kiefern und Eukalyptusbäume werden von Olivenhainen (links) und Feigenbäumen (rechts) abgelöst. Der Weg führt jetzt zwischen Mäuerchen entlang und ist leichter begehbar. Wir gehen geradeaus auf dem breiten Weg weiter, der (**56Min**) rechts einmündet. Der Blick öffnet sich nach rechts auf das Tal mit der Straße von Monchique nach Portimão. Wir gehen geradeaus auf dem Hauptweg weiter, der nach rechts schwenkt, an dem linken Weg vorbei (**1Std05Min**). Sobald der Hauptweg von Mäuerchen eingefaßt wird, nehmen wir rechts einen kleineren, ebenfalls mauergesäumten Weg (**1Std11Min**), der zunächst durch ein kleines Korkeichenwäldchen auf ein Haus zuführt. Wo sich der Weg teilt, müssen wir uns links halten und am Haus zur Linken vorbeigehen (**1Std13Min**). Unmittelbar dahinter schwenkt der Weg nach rechts; hier folgen wir dem breiten Pfad, der geradeaus verläuft. Wir gehen hinunter an einen Bach und folgen der Uferböschung nach links. Dann (**1Std16Min**) überqueren wir den Bach nach rechts. Knapp eine Minute später (wo der Hauptpfad links abbiegt) halten wir uns geradeaus auf dem schmaleren Pfad durch den Wald.

Neben einem Haus kommen wir an einem Wegende heraus (**1Std18Min**). Hier müssen wir nach links biegen und nach einem Pfad Ausschau halten, der zwei Minuten später rechts abzweigt (**1Std20Min**) und zu einem kleinen Haus führt (die Strecke vereint sich hier mit Wanderung 6). Wir bleiben auf diesem guten Pfad und halten uns vor Erreichen des linken Hauses rechts, um ein großes Tal zu umgehen und hinunterzuwandern. Der Pfad führt unten im Tal links an einem Haus vorbei und über einen Bach. Dann (**1Std24Min**) stoßen wir auf einen Querweg, biegen nach links und gehen auf dem Weg weiter, der auf einen befestigten Hauptweg stößt (**1Std26Min**). Diesen überqueren wir nach rechts und gelangen auf einen Parallelweg zur Hauptstraße nach Monchique (links zu sehen).

Unsere Route führt nun in südliche Richtung und verläuft mehr oder weniger entlang der Straße. An der Verzweigung (**1Std33Min**) müssen wir uns links halten und ansteigen, um sogleich auf einen Weg zu gelangen, wo wir uns rechts halten. An allen Abzweigungen vorbei steigen wir bis zur Hauptstraße empor (**1Std39Min**), gehen nicht jedoch auf ihr weiter, sondern biegen rechts auf einen Weg an der Straße, der sich sogleich von ihr entfernt und in ein Rodungsgebiet führt. Wir durchqueren es, indem wir an der linken Seite herumgehen, bis wir einen schmalen Weg erreichen (**1Std41Min**). Wir folgen dem Weg hinab, zunächst nach rechts, dann nach links durch einen lichten Wald mit Kiefern, Korkeichen und Erdbeerbäumen. Wir biegen scharf rechts auf den nächsten Weg, der in einer Kurve links hinabführt. Kurz darauf (**1Std45Min**) verzweigt sich der Weg. Die scharf rechts abzweigende Route ist überwachsen: Wir gehen geradeaus bis zur nächsten Biegung weiter, wo der Weg nach rechts zu einem Gehöft führt, und wandern geradeaus auf einem Pfad weiter; das Gehöft liegt nun rechts unten. Der Pfad verläuft zunächst durch den Wald unterhalb der Straße, die wir dann (**1h48Min**) erreichen.

Vorsicht auf der Straße, die bergab führt und drei Minuten später nach links schwenkt. Wir gehen vorbei an Restaurants zur Linken und genießen das Panorama über Caldas auf der rechten Seite. Dann (**1h55Min**) erreichen wir die Brücke über eine Schlucht. Gegenüber einem weißen Haus mit braunen Fensterläden führt ein Fußweg hinunter nach Caldas. Aber Vorsicht: er ist steil! Wenn wir uns den nicht zutrauen, gehen wir lieber ein paar Minuten länger weiter die Straße bergab. Kurz vor einer Linkskurve stoßen wir rechts auf ein Restaurant. Hier führt rechts eine Steintreppe hinunter nach Caldas (**2Std**).

Diese Brücke am Fluß wird nach etwa 12 Minuten Wanderzeit erreicht. Man findet viele Picknickplätze in den Wäldern um Caldas; diese Aufnahme entstand ganz in der Nähe der Umgebung von Picknick 7b.

8 RUNDWANDERUNG MONCHIQUE — PICOTA

Entfernung/Gehzeit: 9,0 km; 2Std35Min **Siehe Karte Seite 72-73**

Schwierigkeitsgrad: Mittel. Eine meist sanfte Steigung über 400 Höhenmeter; die Wege sind überwiegend gut begehbar.

Ausrüstung: Feste Schuhe/Stiefel, langärmeliges Hemd, lange Hosen, Sonnenbrille, Sonnencreme, Pullover, Regenschutz, Proviant, Wasser

An- und Rückfahrt: 🚌 von Portimão nach Monchique und zurück (Fahrplan 3). Fahrzeit 32-45Min.

Kürzere Wanderung: Monchique — Picota — Monchique (6,6 km; 2Std; Schwierigkeitsgrad, Ausrüstung wie oben). Entsprechend der Hauptwanderung (in umgekehrter Richtung) an der Alferce-Straße beginnen und bis zur Picota gehen; Rückkehr auf dem gleichen Weg.

Die Picota ist mit 774 m der etwas niedrigere Nachbargipfel der Foia; Monchique liegt zwischen beiden in einem Tal. Aus botanischer Sicht ist die Picota der vielleicht interessantere Berg, obwohl die Eukalyptuswälder auf der Nordseite ein Austrocknen der Böden begünstigen.

Die Wanderung beginnt am Hauptplatz in Monchique auf der Straße nach Lissabon; den Fischmarkt und den Heliport lassen wir rechts liegen. Nach **5Min** nehmen wir die rechte Abzweigung (»Cruz dos Madeiros«), um auf einer engen Straße hinunterzugehen. Nach zwei Minuten nähern wir uns dieser Ortschaft, halten uns rechts und genießen den Schatten unter dem Blätterdach der Straße, die sich als Weg fortsetzt, während wir uns einer Verzweigung nähern (**8Min**). Wir gehen rechts durch den Korkeichenwald hinunter, der nach rechts immer wieder den Blick auf Terrassen der gegenüberliegenden Talseite freigibt. Bald mündet rechts ein Pfad ein: wir gehen geradeaus weiter, aber dann (**13Min**) halten wir uns an der Verzweigung rechts. Dieser Weg ist schon bald gepflastert. Eine Minute später kreuzen wir einen Erdweg und gehen weiter zum Talboden hinab. Nach drei Minuten biegen wir an einer Verzweigung links auf den Hauptweg ein, der parallel zum Fluß (rechts unten) verläuft. An einer Wegbiegung (**18Min**)

Ungefähr ab der 30Min-Stelle erblickt man jenseits des Tals Monchique an den unteren Hänge der Foia.

gehen wir rechts hinunter und überqueren auf der Brücke den Fluß. Fast unmittelbar hinter der Brücke müssen wir links auf einen von Mauern eingefaßten Weg einbiegen, der einen Bach kreuzt. Der Weg führt nur zu einem Haus (**21Min**), aber ein grasbewachsener Fußweg setzt sich an der rechten Seite fort. Er führt rasch zu einer Verzweigung, an der wir uns rechts (entlang einer Mauer) halten. Bald ist der Pfad wieder von Mauern gesäumt, und man kann den Ausblick auf das fruchtbare und wohlbestellte Tal genießen, dessen Orangenbäume im Winter und Frühjahr für einen Farbtupfer sorgen.

Nach einem steilen Anstieg geht es rechts an einem Bauernhaus vorbei (**25Min**). Dann mündet der Pfad auf eine holprige Staubstraße, auf der wir geradeaus weitergehen, um nach knapp einer Minute auf einen befestigten Weg zu gelangen, der von rechts kommt. Gleich darauf erreichen wir eine Verzweigung, an der wir uns rechts halten und bergan zurück in einen Korkeichenwald gelangen. Wir halten uns auf dem Hauptweg, wo er nach rechts schwenkt (**30Min**). Hier bietet sich rückblickend eine schöne Sicht auf die andere Talseite mit Monchique an den Hängen der Foia. An der Korksammelstelle (Foto Seite 120) kommen wir kurz vor Erreichen eines Querweges (**35Min**) vorbei; hier gehen wir rechts einen alten Weg empor und lassen ein Bauernhaus links liegen. Nach gut zwei Minuten erreichen wir die Straße nach Alferce.

Wir überqueren die Straße und gehen auf einen gegenüberliegenden Weg und Pfad zu. Wir nehmen den linken Pfad, der oberhalb des kleinen, doch steilen bewaldeten Tals emporsteigt. Wir biegen auf den nach rechts führenden Pfad ein (**40Min**) und nehmen nicht den von Mauern eingefaßten Pfad, der vor uns beginnt. Wir durchqueren das Talende mit seinem kleinen Bach. Wir folgen dem Pfad vorbei an dem Weg, der rechts hinabführt, nach links, dann nach rechts, um zwei Minuten später oberhalb eines Gebäudes vorbeizukommen. Gleich darauf (**44Min**) durchqueren wir ein Korkeichen- und Eukalyptuswäldchen. Wir folgen dem stetig ansteigenden Weg auf ein paar Gebäude zu, an denen wir links vorbeigehen. Dann erreichen wir eine Abzweigung (**48Min**); hier biegen wir nach links und gleich darauf nach rechts auf einen Grasweg, der an einem Gehöft (links unten) vorbeiführt. Nach vier Minuten stoßen wir auf einen höhergelegenen Weg, wo wir nach rechts biegen und auf eine schmale Asphaltstraße zugehen; jenseits des Tales ist Monchique zu sehen. Bei Erreichen der Straße (**54Min**) biegen wir nach links und gehen steil bergauf, bis nach gut einer Minute ein Fußweg links in den Wald abzweigt. Dieser Pfad führt stetig ansteigend durch junge Eukalyptus-Anpflanzungen, die etwas Schatten bieten.

Dann (**58Min**) gelangen wir auf einen befestigten Weg und biegen nach links. Wir halten uns auf dem Hauptweg, Bei einer Ververzweig (**1Std04Min**) biegen wir nach rechts und knapp eine Minute später wieder rechts auf einen Weg, der zu Anfang betoniert ist. Der Wald wird lichter und gibt Ausblicke auf die Foia frei. Wir folgen dem Hauptweg, der zwischen Häusern hindurchschwenkt (**1Std10Min**), vorbei an einer großen Villa (unten rechts). Zwei Minuten nach einer scharfen Linkskurve des Weges (**1Std13Min**) erreichen wir eine Verzweigung und gehen geradeaus auf einem Weg durch die Eukalyptusbäume. Vorbei an einem schmalen Nebenweg (rechts) steigen wir zu einem Weg an, der von rechts heran führt (**1Std23Min**) und gehen geradeaus weiter. Kurz danach erreichen wir die höchste Stelle; bevor es wieder abwärts geht, müssen wir nach einem orangefarbigen Pfeil auf der Felssohle Ausschau halten und hier rechts auf einen Waldweg einbiegen. Sobald wir das Gelände einer Felssohle erreichen, halten wir nach einem orangenen Pfeil Ausschau. Wir gehen in Pfeilrichtung rechts auf einem Pfad weiter.

Wir kommen an einem Weg heraus (**1Std30Min**), biegen nach links und gehen jetzt in Richtung des Gipfels, der nach vier Minuten an der Linksabzweigung in Sicht kommt. Die Strecke hinauf zum Gipfel ist ziemlich steil; wir müssen über die Felsen klettern, um den trigonometrischen Meßpunkt und den Feuerbeobachtungsposten zu erreichen (**1Std40Min**). Man genießt eine phantastische Aussicht auf die Foia und erkennt das Kloster von Wanderung 5. Nach Süden erblickt man die Barragem da Bravura sowie Portimão und Lagos an der Küste.

Wir verlassen den Gipfel auf der anderen Seite des Wachtpostens und folgen den orangefarbigen Punkten. Vorsichtig müssen wir über die Granitfelsen absteigen und einen niedrigen Bergsattel und Pfad ansteuern (Monchique liegt rechts). Kurz nach Erreichen dieses Pfades (**1Std45Min**) halten wir nach einem rechts abbiegenden Waldweg Ausschau. Er ist auch durch einen orangenen Pfeil auf der Felssohle markiert und führt bergab durch ein Kahlschlaggebiet. Wo wir in einer Biegung auf einen Hauptweg treffen (**2Std03Min**), gehen wir nach rechts weiter bergab. Einer schmalen Asphaltstraße (**2Std 12Min**) folgen wir nach links. Nach weniger als fünf Minuten erreichen wir die Hauptstraße nach Alferce, an der wir wiederum links abbiegen. Dann (**2Std21Min**) nähern wir uns der Straßenverzweigung Monchique/Portimão und biegen scharf rechts auf einen von Mauern gesäumten Weg ein, der (nur etwas tiefer gelegen) in die Richtung zurückführt, aus der wir gerade gekommen sind. Wo der Weg drei Minuten später an einem Haus vorbeiführt, biegen wir sogleich links auf einen Pfad der in Richtung Monchique führt. Zeitweilig fließt links ein Bach, während wir auf dem teilweise gepflasterten Pfad ansteigen. Wir kreuzen einen Pfad (**2Std27Min**) und gehen weiter bergauf, bis wir nach zwei Minuten links auf eine Mauer stoßen. Noch vor Erreichen einiger Apartmenthäuser gehen wir den schon bald gepflasterten Weg links hinauf. Wo wir rechts einen Wasserhahn sehen, biegen wir nach links auf die Hauptstraße (**2Std32Min**). Auf ihr gelangen wir nach rechts zurück ins Zentrum von Monchique (**2Std35Min**).

9 RUNDWANDERUNG SILVES

Entfernung/Gehzeit: 7,5 km; 1Std45Min **Abbildung Seite 31**

Schwierigkeitsgrad: Leicht. Es sind nur wenige Steigungen zu bewältigen und die Wege sind überwiegend gut begehbar.

Ausrüstung: Feste Schuhe/Stiefel, langärmeliges Hemd, lange Hosen, Sonnenbrille, Sonnencreme, Pullover, Regenschutz, Proviant, Wasser

An- und Rückfahrt: 🚌 von Portimão über Lagoa nach Silves (Fahrplan 4 und 5). Fahrzeit 35-42Min. 🚂 zum Bahnhof in Silves (Fahrplan 9); es gibt Busverbindungen vom Bahnhof nach der Stadt (2 km); man braucht nicht entlang der Straße gehen. 🚗: Auf einem der großen Parkplätzen an der Ringstraße parken, die sich auf der Südseite von Silves befinden.

Kurzwanderung: Von Silves zur Windmühle und zurück (4,8 km; 1Std05Min). Den ersten 32Min der Hauptwanderung folgen; Rückkehr auf dem gleichen Weg.

Silves ist eine liebenswerte alte Stadt am Rio Arade. Außer dem Ambiente des Hauptplatzes bietet sie einige Sehenswürdigkeiten — einschließlich der Burg, der Kathedrale, dem Museum und der alten Hafengegend. Nach der Legende wurde Silves (auch Cylpes, Chelp oder Cilves genannt, um frühere Namen zu benutzen) von den Cyneten etwa 1000 v.Chr. an der heutigen Stelle gegründet, und seit jener Zeit wurde es in ununterbrochener Folge von Völkern aus allen Teilen Europas und Afrikas besiedelt — einschließlich den Griechen und später, um das 1. Jh. n.Chr., von den Römern. Seine Geschichte ist turbulent, mit blutigen Schlachten, Zeiten des Friedens und Wohlstands, völligem Niedergang und der Zerstörungen durch Erdbeben. Das kleine Museum lohnt einen Besuch, um die Münzen, Keramiken und andere Relikte dieser vergangenen Kulturen zu sehen. Es befindet sich rechts oberhalb des Turms des Haupttores der alten maurischen Stadtmauer (abseits des Hauptplatzes).

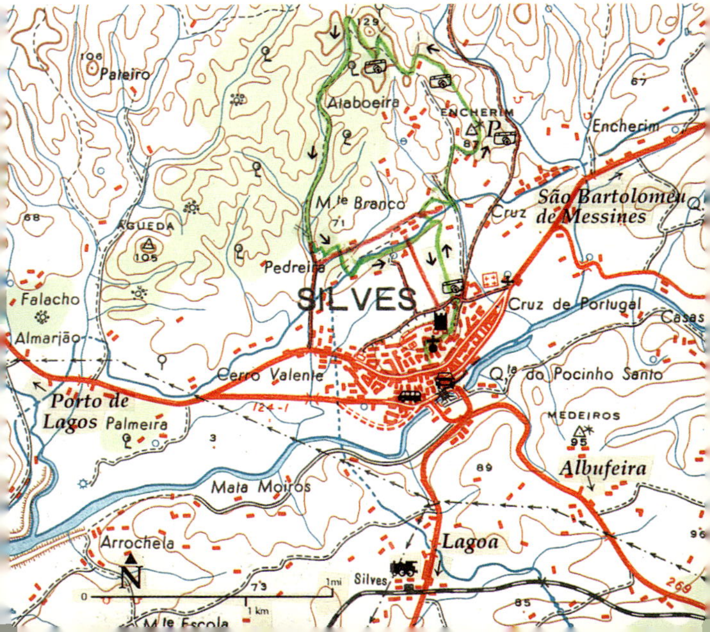

Unter den Bogen eines Aquäduktes hindurch nähern wir uns dieser Windmühle oberhalb von Silves (Picknick 9). Orangenbäume herrschen in dieser abgeschiedenen Landschaft vor, in der das Große Zittergras (Briza maxima) entlang der Straße gedeiht.

Die Araber hinterließen die eindrucksvollsten historischen Relikte — die Burg, die Almadinna-Mauern, die Albarranischen Türme und den unterirdischen Brunnen. Die Burg erlebte unter den Mauren im 10. bis 12. Jh. ihre Blütezeit. Während dieser Epoche war Silves eine bedeutende Stadt, wichtiger noch als Lissabon. In einer reichen Landwirtschaftsgegend gelegen, rühmte sie sich feudaler Bauwerke, eines florierenden Hafens und üppiger Märkte. Der Niedergang setzte 1189 ein, als Silves im dritten Kreuzzug belagert wurde, um die Ungläubigen von der Algarve zu vertreiben und das Christentum auszubreiten. Der langsame Niedergang wurde schließlich 1755 von dem Erdbeben besiegelt, als die Burg, der Turm und das Rathaus schwer beschädigt wurden und Silves' Funktion als Hauptstadt der Algarve erlosch. Viele Stadtmauern sind noch intakt, wie auch der unterirdische Brunnen mit dem romantischen Namen »Cisterna da Moura Encantada« (Brunnen der verzauberten Maurin).

All dies kann man in Muße genießen. Gegenwärtig ist der Eintritt in die Burg kostenlos. Wenn man von den Burgmauern aus nach Nordosten blickt, kann man die alte Windmühle erkennen, die hoch oben auf dem Berg steht (Abbildung oben). Sie liegt auf unserer Route und ist das Ziel der Kurzwanderung. Die Kathedrale, an der man auf dem Weg zur Burg vorbeikommt, wurde unter König Afonso X in der zweiten Hälfte des 13. Jh. im gotischen Stil errichtet und war Bischofssitz der Algarve, bis dieser in der Mitte des 16. Jahrhunderts nach Faro verlegt wurde. Wenig ist über das Schicksal des Silberschatzes und der großen Bibliothek bekannt, die angeblich vorhanden waren.

Wer mit dem Auto oder Zug kommt, folge der Ausschilderung zur »Câmera« (Rathaus), um auf den Hauptplatz zu finden. **Hier beginnt die Wanderung**, indem wir den Platz durch den hohen Torbogen des Turms verlassen und der Ausschilderung »Castelo/Sé« folgen. Nach drei Minuten kommen wir links an der Kathedrale (Sé) vorbei; genau hinter ihr liegt eine Straßenverzweigung, an der die Wanderung rechts weitergeht. (Für einen Besuch der Burg überqueren wir zuerst die Straßenverzweigung und gehen dann nach rechts, um die Wanderung später an diesem Punkt fortzusetzen — die Zeit für den Abstecher wird unten nicht mitgerechnet.) An der nächsten Kreuzung, eine Minute später, gehen wir links hinunter. Sogleich kommt rechts ein von Akazien beschatteter Picknickplatz; jenseits der unterhalb verlaufenden Straße befinden sich Terrassen und ein Kinderspielplatz. An der nächsten Straßenverzweigung gehen wir geradeaus weiter (**5Min**); wir wandern nun rechts unterhalb der Burgmauern entlang. An einer Straßenkreuzung (**9Min**) müssen wir nach links biegen und dann gleich nach rechts, um auf einen Weg zu gelangen, der rechts an einer ausgedehnten, eingezäunten Orangenplantage entlangführt. Der Blick zurück bietet eine besonders schöne Sicht auf die Burg von Silves; rechts liegt ein Feuchtgebiet mit Teichsimsen.

Während wir uns einem kleinen Gehöft nähern (**15Min**), steigt der Weg an, um auf einen Bewässerungskanal zu treffen. Wir überqueren die kleine Betonbrücke und biegen rechts auf den Pfad entlang dem Kanal ein. Dann (**16Min**) entfernt sich der Pfad nach links und läuft auf eine Häusergruppe zu. Wir erreichen sie nach weniger als zwei Minuten und biegen nach links, um auf eine schmale Asphaltstraße zu gelangen. Wir verlassen sie bald, indem wir scharf rechts auf einen Weg einbiegen. Wir gehen jetzt auf die Windmühle zu, die gut zu erkennen ist.

An der Wegverzweigung (**20Min**) biegen wir nach links und gehen rechts herum weiter; es geht jetzt momentan nach Silves zurück und unter den Bögen eines Aquäduktes hindurch. An einer Wegverzweigung unmittelbar hinter dem Aquädukt (**23Min**) biegen wir scharf nach links, um nochmals unter den Bögen hindurchzugehen; an der Gabelung, die alsbald kommt, halten wir uns rechts. Dann (**27Min**) biegen wir vom Hauptweg rechts auf einen kleineren Weg ab; die Windmühle liegt jetzt links oben. Weniger als zwei Minuten später erreichen wir die Bergkuppe, biegen links auf einen doppelspurigen Weg ein und lassen ein weißes Gebäude rechts liegen. Bei Erreichen eines Bauernhauses folgen wir dem Weg links herum direkt zur Windmühle hoch (**32Min**; Picknick 9). Man genießt einen wunderbaren Rundblick auf sanftgewelltes, *matos*-bedecktes Hügelland und fruchtbare Täler sowie eine hervorragende Sicht auf Silves. Portimão sieht man in Richtung Meer; die Hügel der Serra de Monchique liegen im Norden.

Wir verlassen die Windmühle, um (dem Meer abgewandt) auf dem Höhenrücken weiterzugehen. Wir folgen dem Pfad über den Gebirgsgrat, bis wir auf einen doppelspurigen, holprigen Weg gelangen (**36Min**). Er steigt leicht an, verschmälert sich dabei wieder zu einem Pfad und hält sich weiterhin auf dem Kamm. Rechts vor uns ist nun das Bastos-Tal gut zu sehen. Der Pfad teilt sich am Ende des Kamms (**41Min**); hier gehen wir links entlang einer Reihe von Eukalyptusbäumen hinunter, um bald (an einem Bauernhaus vorbei) auf einen holprigen Weg zu stoßen. Wir biegen nach rechts und wandern jetzt auf einem Sattel zwischen zwei Tälern, links unten befindet sich ein Landwirtschaftsgebiet, rechts *matos*-Vegetation. Dann (**43Min**) halten wir uns an der Gabelung rechts auf dem niedrigeren Weg. Nach zwei Minuten biegen wir links auf den Querweg ein und folgen hier dem Weg nach rechts an zwei links abzweigenden Wegen vorbei in einer Biegung um 180°. Der Weg hält sich zunächst oberhalb des waldigen Tals (links unten), bevor er zu einer Wegkreuzung hinabführt (**51Min**), wo wir scharf nach links biegen und weiter bergabgehen. Wir halten uns auf diesem Hauptweg, der nach Süden führt, und gehen an einem Weg vorbei, der in einer S-Kurve links abzweigt. Zu den Eukalyptusbäumen treten nun in einem Tal, durch das wir wandern, Lavandel, Oliven- und Johannisbrotbäume hinzu. Wir kommen auf einen breiten befestigten Weg (**1Std07Min**) und biegen nach links.

Dieser Weg entfernt sich von den *matos*-bedeckten Hügeln und führt durch ein Landwirtschaftsgebiet zurück nach Silves. Der Weg wird zur Asphaltstraße (**1Std13Min**), während wir uns dem Stadtrand nähern. Bei den ersten Häusern halten wir uns auf der rechten Straße, um dann links in einen schmalen Gehweg einzubiegen (**1Std15Min**; genau vor einer riesigen Palme) und den Treppen nach rechts zu folgen. Nach einer Minute treffen wir auf eine Asphaltstraße. Wir biegen nach links und nehmen nach knapp zwei Minuten rechts den zum Kanal ansteigenden Weg. Hinter dem Schließtor wenden wir uns nach links und folgen dem Kanal, der jetzt links liegt. Wir überqueren eine Asphaltstraße (**1Std26Min**) und gehen weiter am Kanal entlang. Die Rundwanderung schließt sich an der kleinen Betonbrücke (**1Std 30Min**), die wir schon einmal auf dieser Wanderung überquert haben; wir gehen rechts den Weg hinab, um das restliche Stück nach Silves zurückzugehen (**1Std45Min**).

10 BENAGIL • MARINHA • ALBANDEIRA • SENHORA DA ROCHA • BENAGIL

Entfernung/Gehzeit: 10,8 km/2Std40Min **Abbildung Seite 40**

Schwierigkeitsgrad: Mittel. Auf dem letzten Teil der Wanderung kommt ein steiles Tal, dessen Durchquerung schwierig ist.

Ausrüstung: Feste Schuhe oder Stiefel, langärmeliges Hemd, kurze oder lange Hosen, Sonnenbrille, Sonnencreme, Badezeug, Pullover, Regenschutz, Proviant, Trinkwasser

An- und Rückfahrt: Nur 🚗. Die Zugangsstraße nach Benagil zweigt von der EN125 3 km östlich des Kreisels von Lagoa bzw. gegenüber der International School ab. Obwohl die Einfahrt nur von Lagoa kommend ausgeschildert ist, stehen an den nachfolgenden Verzweigungen dieser 5 km langen Strecke Wegweiser. Am Café »O Litoral« oben auf dem Hügel parken, ehe man zur Benagil-Bucht absteigt.

Kurzwanderungen: Beide sind leicht; Ausrüstung wie oben

1 Benagil — Praia da Marinha — Benagil (4,8 km; 1Std). Der Hauptwanderung zum wunderschönen Strand der Praia da Marinha folgen; gleicher Weg zurück.

2 Benagil — Praia de Albandeira — Benagil (8,0 km; 1Std40Min). Der Hauptwanderung bis zur schmalen Bucht Praia de Albandeira folgen, wo während der Saison Cafés geöffnet sind; gleicher Weg zurück.

Dieser weitere, sehr malerische Küstenabschnitt bietet sehr viel — von seinen Wildblumen bis hin zu den spektakulären Stränden. Aus unserer Sicht ist der Marinha-Strand einer der herrlichsten der Algarve, und daran wird sich so lange nichts ändern, wie er abgelegen und schwierig zu erreichen bleibt. Er liegt in eine wunderbaren Naturkulisse eingebettet und hat den Vorteil, daß während der Saison ein kleines Café geöffnet ist. Der Küstenabschnitt ist hier äußerst fotogen (siehe Abbildungen auf den Seiten 40 und 86), daher genügend Filme mitnehmen.

Die Wanderung beginnt in Benagil, einem kleinen Fischerdorf, wo man unten am Meer die für die Algarve typischen bunten Fischerboote sehen kann. In Portugal ist Fisch immer noch ein wichtiger Bestandteil der Ernährung, und Fischgerichte stehen auf den Speisekarten in Restaurants ganz vorne. Sardinen *(sardinhas)* sind eine Spezialität der Gegend; frisch gefangen und gegrillt zeigen sie keinerlei Verwandtschaft mit den bekannteren Dosenprodukten. Am besten schmecken sie

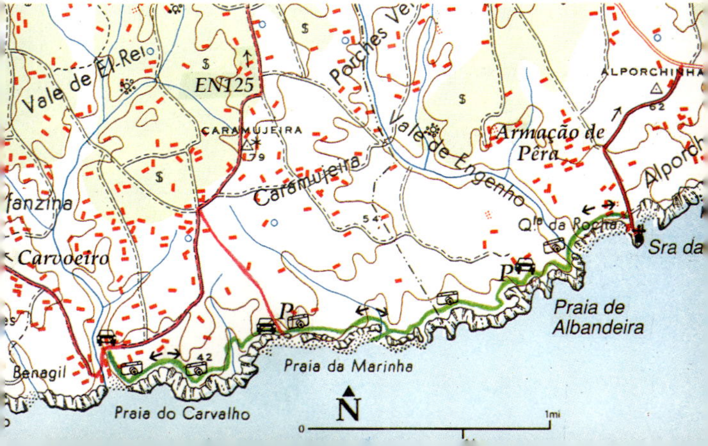

im Sommer, traditionell mit Salzkartoffeln serviert. Die beste Begleitung ist eine gekühlte Flasche *vinho verde*. Ein weiteres landestypische Fischgericht ist noch beliebter: *Bacalhau*, getrockneter und gesalzener Kabeljau.

Wie seit 400 Jahren fahren portugiesische Fischer jährlich in den Nordatlantik bei Neufundland aus, um nach Kabeljau zu fischen. Der Fang wird gesalzen, in der Sonne getrocknet und in flachen, pappkartonartigen Stücken verkauft, die man in den Supermärkten und auf den Märkten in ganz Portugal sehen und riechen kann. *Bacalhau* wird durch Einweichen in

Wasser wieder entsalzen und kann dann nach einem der vielen hundert Rezepte zubereitet werden. In einem Restaurant, das vorwiegend von Einheimischen besucht wird, werden möglicherweise mehrere *bacalhau*-Gerichte angeboten. Gut zubereitet und mit einer leckeren Soße serviert sind sie ganz köstlich ... doch wenn man Pech mit dem Koch hat, wird man *bacalhau* wahrscheinlich nie wieder probieren!

Die Wanderung beginnt am Café oben auf dem Hügel und führt zur Bucht hinunter. Unmittelbar vor einem Restaurant (**1Min**) gehen wir links die Stufen hoch; die oberen Stufen wurden aus der Felswand herausgehauen. Auf diesem Pfad gehen wir weiter; an der Verzweigung halten wir uns rechts Richtung Küste. Ab hier gehen wir auf einem Küstenpfad, der von Benagil wegführt. Im Frühjahr gibt es eine Vielzahl an Wildblumen; wir entdeckten unter anderem die Schopfige Bisamhyazinthe (*Muscari comosum*) und verschiedene Ragwurzarten (z.B. *Ophrys scolopax*, sonst in dieser Gegend nicht sehr verbreitet, und *Ophrys lutea*). Die Küstenerosion hat interessante Buchten und merkwürdige Felsformationen geschaffen, die im Verlauf der Wanderung noch fotogener werden.

Dann (**14Min**) beginnt der Pfad landeinwärts zu schwenken, um nach zwei Minuten eine kleine Bucht zu durchqueren: Zunächst gibt es links einen schrägen Abstieg, bevor wir rechts hinuntergehen, um die Bucht zu durchqueren und auf der anderen Seite wieder hochzuklettern; dort findet sich die Fortsetzung des Küstenpfades (**20Min**). Jetzt befinden wir uns an einem landschaftlich besonders schönem Küstenabschnitt, und die Ausblicke auf die Kliffs mit ihren unglaublichen Felsformationen sind ganz phantastisch (Abbildung gegenüber). Dann (**26Min**) erreichen wir den Parkplatz bei Marinha.

Wir überqueren den Parkplatz, gehen an der gegenüberliegenden Ecke die Stufen hinunter und wandern auf dem befestigten, teilweise gestuften Pfad weiter. Wer die Wanderung unterbrechen möchte, um zu schwimmen, zu fotografieren oder etwas zu trinken, kann nach drei Minuten rechts die Stufen hinuntergehen, um zum erstklassigen Sandstrand Praia de Marinha zu gelangen (Picknick 10a). Andernfalls geht es auf dem befestigten Pfad weiter, der zurück auf die Anhöhe des Kliffs führt und sich als unbefestigter Küstenpfad fortsetzt. Bei Annäherung an einen Zaun (**32Min**) ist Vorsicht geboten vor dem großen Felsenschlund; wir halten uns auf dem Pfad, der die eingezäunte Stelle auf der Meeresseite umgeht.

Zu den Küstenausblicken dieser Wanderung gehören einige verlockende Sandstrände, die nur mit dem Boot zugänglich zu sein scheinen. Jener, den man von hier aus sieht, ist auf Seite 40 abgebildet. Kurz danach (**36Min**) erreichen wir eine kleine Bucht und gehen schräg nach links hinunter, um sie zu durchqueren; wo wir nach fünf Minuten in eine Lichtung aufsteigen,

Links: Die Küste an der Praia da Marinha (Picknick 10a)

nehmen wir den sehr holprigen Weg, der zurück zur Steilkante des Kliffs führt. Die zerklüftete Küste mit ihren gold- und beigefarbenen Gesteinsschichten, von der rastlosen Energie des Meeres in faszinierende Formen modelliert, weist endlose Muster auf. Wir erreichen eine weitere kleine Bucht, diesmal ziemlich flach (**44Min**). Hier ist *Orchis italica* inmitten der vielfältigen Pflanzenwelt dieser Küstenregion anzutreffen.

Bald darauf erreichen wir die größere Bucht Praia de Albandeira (Picknick 10b; **48Min**). Wir gehen am Café vorbei, die Stufen auf der anderen Seite hoch und auf dem Küstenpfad weiter. Vor uns sehen wir Armação de Pêra, doch treten wir den Rückweg an, noch bevor wir es erreichen. Bald (**55Min**) liegt eine tiefe Bucht vor uns, die einen Umweg landeinwärts notwendig macht. Anschließend gehen wir wieder Richtung Küste und achten auf weitere Felsenschlünde.

Dann (**1Std02Min**) nähern wir uns einer sehr tiefen Bucht; sie ist nur auf teilweise schwierigen Fußwegen zu durchqueren. Zunächst gehen wir landeinwärts und bleiben auf der Anhöhe; nach kurzer Zeit geht es an der ersten Rechtsabzweigung, einem großen Pfad, vorbei. Wir gehen den *zweiten* großen Pfad (markiert mit roten Punkten, aber aus dieser Richtung nicht leicht zu erkennen) schräg nach rechts hinunter — ein steiler und schwieriger Abstieg zum hinteren Ende des Strandes.

Dann (**1Std09Min**) erreichen wir den Boden und gehen links zur Rückseite der Bucht, um einen Pfad ausfindig zu machen, der zu einem Weg auf der anderen Seite der Bucht ansteigt. Wir folgen den Wegmarkierungen — rechts, links, rechts — bis zu einem Pfad, der sich oberhalb dieses Weges fortsetzt — zurück in Richtung Meer. Der herrliche Strand an der Kapelle Senhora da Rocha ist von einer kleinen Landspitze aus zu sehen (**1Std15Min**), und nach zwei Minuten kommen wir an den Stufen vorbei, die zu ihm hinunterführen.

Man geht auf dem Pfad weiter, wenn man die romanische Kapelle Nossa Senhora da Rocha auf der Landspitze besuchen möchte (nach **1Std19Min** an der Verzweigung rechts abbiegen). Links von dieser Verzweigung befinden sich einige Cafés und Restaurants; Armação de Pêra liegt 2 km weiter östlich.

Doch endet unsere Wanderung hier, und wir gehen auf dem gleichen Weg nach Benagil zurück (**2Std40Min**).

11 RUNDWANDERUNG CERRO — PICO ALTO

Entfernung/Gehzeit: 8 km; 2Std

Siehe Karte Seite 94 sowie Abbildung Seite 28-29

Schwierigkeitsgrad: Leicht bis mittel. Der Gipfel des Pico Alto erreicht 276 m, doch liegt Cerro auf fast der gleichen Höhe — daher gibt es nur geringe Steigungen. Der Rückweg verläuft auf teilweise steinigen Wegen und ist weniger leicht.

Ausrüstung: Feste Schuhe oder Stiefel, langärmeliges Hemd, lange Hosen, Sonnenbrille, Sonnencreme, Pullover, Regenschutz, Proviant, Trinkwasser

An- und Rückfahrt: Nur mit 🚗. Cerro liegt 3,6 km nordwestlich von Alte. Anfahrt auf der EN124, dann auf der westlicheren der beiden Zugangsstraßen nördlich nach Alte fahren und gleich darauf (dem Wegweiser nach Santa Magarida folgend) links abbiegen. In Santa Margarida wiederum links abbiegen; nach 1,3 km am Aussichtspunkt parken.

Kurzwanderungen: Beide sind leicht; Ausrüstung wie oben.

1 Cerro — Dorf Pico Alto — Cerro (6,0 km; 1Std22Min). Den Abstecher zum Gipfel weglassen und der Wanderung bis Pico Alto folgen, aber an der 30Min-Stelle links den Weg hinuntergehen (statt in das Dorf hinein). Nun der Hauptwanderung ab der 1Std08Min-Stelle folgen.

2 Cerro — Pico Alto — Cerro (6,8 km; 1Std40Min). Der Hauptwanderung bis zum Gipfel folgen; auf dem gleichen Weg zurück.

Cerro und Pico Alto liegen wie die Dörfer Alte und Pena in der Region Barrocal. Dieses Kalksteingebiet erstreckt sich vom Cabo de São Vicente im Westen bis in die Nähe von Tavira; im Zentrum der Algarve erreicht es mit einer Ausdeh-

Die Bewohner der Ortschaften leben von der Landwirtschaft, und man kann den Einfluß der Arbeit von Generationen auf die Umwelt sehen, wenn man durch dieses wunderschöne Tal kommt.

Vom Gipfel des Pico Alto hat man einen lohnenden Rundblick — von Armação de Pêra an der Küste über Messines genau vor uns bis zu den Hügeln der Serra de Monchique weiter landeinwärts. Zu unseren Füßen stehen weitere Orchideen; eine besonders interessante Art ist die Spiegelragwurz, genauer: eine spezielle Form (Ophrys speculum ssp lusitanica), bei der die Lippe der Blüte länger geworden ist, um ein Insekt darzustellen. Diese Aufnahme entstand vom Gipfel aus mit Blick nach Norden (landeinwärts).

nung von 20 km seine größte Breite. Das Kalkgestein besteht aus Dolomit und Mergel, die als weiße Felsen erscheinen und meist zu einem trüben Grau verwittern. Am besten sind sie auf den strauchbewachsenen Höhenrücken zu sehen, deren felsige Kämme parallel zur Küste verlaufen — wie hier am Pico Alto oder noch deutlicher auf Wanderung 14 (Rocha da Penha; Abbildung Seite 101). Die schwere, rote *terra rossa*-Erde in den Tälern ist sehr fruchtbar — hier liegt die Gartenlandschaft der Algarve. Orchideen wachsen im Überfluß, und es werden Orangen, Feigen, Mandeln und Johannisbrot geerntet. Besonders sehenswert ist die Mandelblüte im Januar und Februar. Wenn ihre zarten weißen und blaßrosafarbenen Blüten die Täler besprenkeln, ist es leicht nachzuvollziehen, warum sie manchmal als »Schnee der Algarve« bezeichnet werden.

Die Pflanzen sind ein guter Indikator für die unterschiedlichen geologischen Regionen der Algarve; die vielfältigste und interessanteste Pflanzenwelt findet sich im Barrocal. Viele für die Region typische Pflanzen können auf dieser Wanderung angetroffen werden, darunter Wilder Jasmin, Orchideen und der auffällige Blaustern *(Scilla peruviana)*. Sogar die *matos*-Vegetation weist charakteristische Merkmale auf — mehr davon auf Wanderung 14. Unsere Wanderung führt durch Ortschaften, in denen die Zeit stillzustehen scheint, und durch eine seit jeher intensiv bewirtschaftete Landschaft.

Wir beginnen die Wanderung am Aussichtspunkt und gehen auf der Asphaltstraße in Richtung der ersten Häuser von Cerro, die man ganz in der Nähe sieht. Rechts kommt ein Café (**3Min**), wir gehen jedoch nicht in die eigentliche Ortschaft. Bald (**6Min**) zweigt eine Straße rechts ab und führt bergab: wir gehen jedoch geradeaus weiter. Im Frühjahr kann man hier vielfältige Wildblumen entdecken, darunter *Paeonia broteroi*, Blaustern, schöne Exemplare der Fratzenorchis (*Aceras anthropophorum*; ihre dünnen Triebe sind leicht zu übersehen) und das Gelbe Windröschen (*Anemone palmata*).

Wir gehen auf dieser hochgelegene Straße weiter, die gelegentlich an kleinen Häusern vorbeiführt. Den Weg, der (**15Min**) links einmündet, werden wir auf dem Rückweg benutzen. Johannisbrotbäume säumen unsere Route; links wurde Buschland für neue Orangenplantagen gerodet. Am Loulé-Ausfahrtsschild wird die Straße zum Weg. Bald kommen die Häuser von Pico Alto in Sicht, und dann (**30Min**) erreichen wir die Ortschaft. Der Weg teilt sich hier; nach dem Aufstieg zum Gipfel des Pico Alto kommen wir links zurück. Wir gehen geradeaus (an einer Rechtsabzweigung vorbei) nach Pico Alto hinein. Bevor wir (**31Min**) eine große Palme erreichen, biegen wir nach rechts, um auf einen Pfad zu gelangen, der zwischen dem ersten und zweiten Haus hindurchführt. An der Verzweigung, auf die wir eine Minute später stoßen, halten wir uns links, dann nach ein paar Sekunden an der folgenden Verzweigung rechts; der Weg führt über niedriges Gestein durch Büsche hindurch. Hier sind Gelber Jasmin und *Bellavia hackelii* zu sehen. Wir bleiben auf dem größeren Pfad, wo ein weiterer Pfad schon bald rechts einmündet. Bald fällt der Blick nach rechts in ein großes Tal. An einer Verzweigung (**35Min**) gehen wir nach links bergauf — hier hat man weitere schöne Ausblicke auf die sanftgewellten Hügel landeinwärts.

Etwas weiter bergauf schwenken wir nach links in Richtung Meer (**40Min**) und sehen eventuell — je nach Belaubung — für einen kurzen Augenblick den Gipfel vor uns. (Für die spätere Orientierung ist es hilfreich, ihn zu sehen.) Während wir hier nach links schwenken, müssen wir das freie Feld schräg durchqueren, vorbei an dem ausladenden Johannisbrotbaum in der Mitte. Gut zwei Minuten erreichen wir das Ende der Mauer und halten uns rechts; zunächst gehen wir links an der Mauer entlang weiter. Der Pfad ist nicht immer klar erkennbar, doch wird sein Verlauf später auf dem Kamm deutlicher, wenn links eine Mauer und rechts ein Tal zu sehen sind. Beim Durchqueren eines Rodungsgebietes scheint sich der Pfad wieder zu verlieren; wir gehen an der linken Mauer entlang, bis wir — fast unerwartet — plötzlich auf dem Gipfel stehen (**49Min**).

Wir genießen die auf Seite 90-91 abgebildete Aussicht und gehen dann den gleichen Weg zurück, bis wir zwischen den beiden Häusern (**1Std07Min**) auftauchen und nach links biegen. Nach einer Minute gelangen wir am Ortseingang auf den Hauptweg und biegen nach rechts, um alsbald links auf einen alten Weg einzubiegen. Bald (**1Std11Min**) mündet links ein alter Weg ein, doch halten wir uns geradeaus. Während wir zunächst auf der linken Seite eines landwirtschaftlich genutzten Tales entlangwandern und dann hinuntergehen, wird der Weg zum holprigen Fahrweg. Wir folgen ihm, wie er nach rechts schwenkt (**1Std14Min**), an der Linksabzweigung vorbei. Nach einer Minute gehen wir links einen Pfad hinauf und setzen die Wanderung auf einem gemächlicheren Abstieg fort.

Nach dem Überqueren eines Winterbaches gelangen wir drei Minuten später in einer Biegung auf einen holprigen Weg und gehen rechts hinunter in das schöne abgelegene Tal (Abbildung Seite 28-29 und 88-89). Nach einem kleinen Reservoir auf der rechten Seite (**1Std20Min**) gelangen wir nach einer Minute auf einen größeren Weg. Hier biegen wir nach links; der Talboden liegt rechts unten. An einer Verzweigung genau vor einem Haus, das links steht (**1Std32Min**), biegen wir scharf nach links, um den Aufstieg zurück nach Cerro zu beginnen. Man hat eine schöne Sicht über das Tal auf Messines, von den entfernten Hügeln der Serra de Monchique überragt. Wir gehen auf dem steinigen Weg hinauf, um unseren Hinweg zu erreichen (**1Std45Min**), und rechts zum Aussichtspunkt zurück (**2Std**).

12 ALTE • ROCHA DOS SOIDOS • ALTE

Entfernung/Gehzeit: 13,0 km; 2Std50Min

Schwierigkeitsgrad: Mittel. Ein langsamer, stetiger und wenig steiler Aufstieg zum Gipfel der Rocha dos Soidos (467m). Einige Wege dieser Wanderung sind sehr steinig.

Ausrüstung: Feste Schuhe oder Stiefel, langärmeliges Hemd, Sonnenhut, lange Hosen, Sonnenbrille, Sonnencreme, Pullover, Regenschutz, Proviant, Trinkwasser

An- und Rückfahrt: nur 🚗. Siehe Autotour 3, Seite 37, für Hinweise zu Anfahrt und Parkmöglichkeiten.

Verkürzte Wanderung: Rundwanderung Alte (10,8 km; 2Std30Min; Schwierigkeitsgrad mittel). Die Hauptwanderung machen, aber den Abstecher zum Gipfel weglassen, indem man an der Verzweigung (1Std17Min) geradeaus weitergeht entsprechend der Wegbeschreibung ab der 1Std50Min-Stelle.

Kurzwanderung: Zum ersten Kalkofen und zurück (4,6 km; 1Std; leicht). Den ersten 30Min der Hauptwanderung folgen, dann nach Alte einen anderen Weg zurückgehen entsprechend der Wegbeschreibung am Ende der Hauptwanderung (ab der 2Std22Min-Stelle).

Auf dieser Rundwanderung erkunden wir die Gegend westlich und nördlich von Alte. Sie bietet eine interessante und kontrastreiche Mischung verschiedener Landschaftsbilder und führt von der für die Kalksteinregion der Algarve typischen natürlichen Dornenvegetation in landwirtschaftliche Gebiete. Im ersten Teil der Wanderung begleiten uns Kalköfen am Wegesrand. Diese runden Bauten wurden einst benutzt, um Kalkstein zu brennen; gebrannter Kalk wurde für den Bau von Häusern und den Verputz benötigt.

Alte ist ein kleines Dorf mit mehreren Sehenswürdigkeiten. Neben dem Wasserfall genau unterhalb des Dorfes gehört die Quelle »Fonte Grande« zur Hauptattraktion; hier gibt es ein Picknickgebiet. Auch der hier abgebildete Picknickplatz gehört dazu und liegt 500 m davon entfernt am Fluß. Er ist mit Tischen, Café/Bar und Restaurant ausgestattet und bietet Parkmöglichkeiten (Picknick 12).

Wir beginnen die Wanderung im Zentrum von Alte und folgen rechts der Kirche den Wegweisern nach »Fonte«. Nach **6Min** erreichen wir das Quellengebiet und gehen links auf der schmalen Asphaltstraße am Fluß entlang weiter (Picknick 12). Dann (**12Min**) erreichen wir das Hauptpicknickgebiet. Wo die Asphaltstraße endet, gehen wir geradeaus auf dem Weg weiter. Johannisbrotbäume am Fluß bieten etwas Schatten; Oleander sorgt für rosa gesprenkelte Uferstreifen. (Der Pfad, der (**16Min**) links am Hang herabführt, ist unser Rückweg.) Bald (**19Min**) nehmen wir den Weg, der nach links zweigt, und verlassen so das Flußufer. Nach zwei Minuten biegen wir wiederum links ab, um einem alten, von grauen Steinmauern eingefaßten Weg zu folgen. Zwischen Oliven- und Johannisbrotbaumhainen gehen wir hangaufwärts. Im Frühjahr ist die bezaubernde gelbe Jonquille (*Narcissus gaditanus*) anzutreffen — sie ist so winzig, daß man sie leicht übersieht. Der Weg verschmälert sich zu einem Pfad, kurz bevor ein Pfad kreuzt (**28Min**), auf den wir nach rechts einbiegen. (Nach einer Minute mündet links ein Pfad ein — später ebenfalls unser Rückweg.)

Bald (**30Min**) kommt links ein alter Kalkofen (auf der Kurzwanderung macht man hier Kehrt) — der erste von mehreren auf dieser Wanderung. Wir verlassen nun das Landwirtschaftsgebiet und kommen in die *matos*-Vegetation, deren warme Luft den Duft des hier stark verbreiteten Rosmarins (*Rosmarinus officinalis*) verströmt. Der Weg steigt nun gemächlich durch ein dichtbewachsenes, flaches Tal an. Kurz

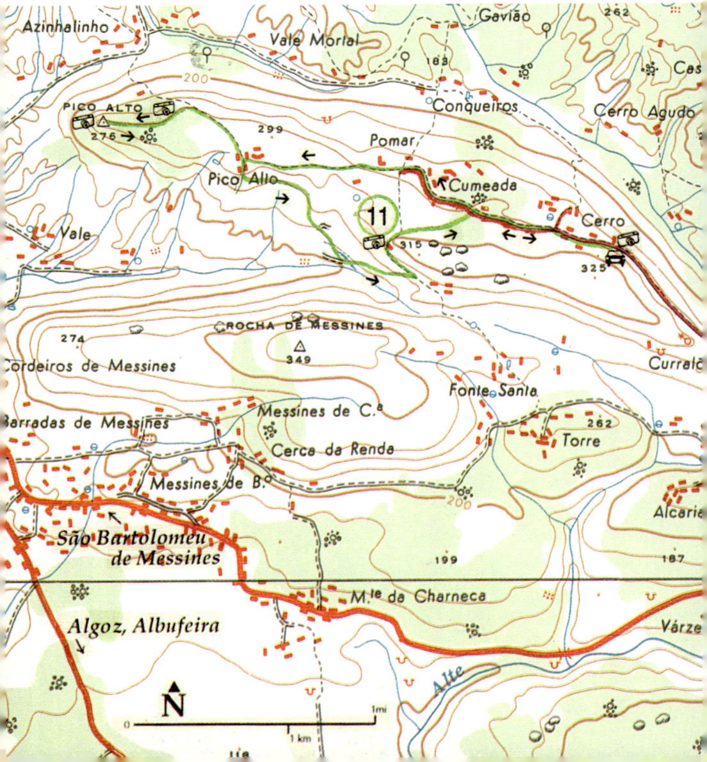

bevor rechts ein Kalkofen kommt (**38Min**), gehen wir an der Linksabzweigung eines Pfades vorbei. Ab dieser Stelle teilt sich der Pfad mehrfach und läuft wieder zusammen; der Einfachheit halber halten wir uns an jeder Gabelung links und achten darauf, daß wir dem Verlauf des Tals folgen. Dann (**47Min**) kommt rechts ein weiterer Kalkofen. Der manchmal etwas steinige, roterdige Pfad führt nun langsam aus dem Tal heraus, und wir erreichen ein vegetationsloses Gebiet (**54Min**). Wir gehen auf einem Feldweg weiter in dieselbe Richtung. Wir folgen dem gewundenen Verlauf des Weges in das vor uns liegende Tal hinunter und erhaschen Ausblicke auf die Rocha da Pena (Wanderung 14). Wir gehen mitten durch das nächste Rodungsgebiet (**57Min**) und folgen dem Weg, der nach links schwenkt und etwas steiler durch *matos* bergabführt.

Wir kommen unten an und treffen auf einen Weg (**1Std04Min**), dem wir scharf nach links folgen. Mit der Rocha da Pena im Rücken geht es dann ein kleines Tal hinauf; rechts befinden sich Anbauflächen. Wir bleiben auf dem Weg, rechts gesäumt von einem Bach. Die blühenden Orangenhaine dahinter sind ein Blickfang. Schließlich (**1Std12Min**) mündet rechts ein Weg ein: Wir gehen geradeaus weiter, links um eine kleine Kuppe am Talende herum.

Der Weg steigt zu einer Kreuzung an (**1Std17Min**), an der wir die Rechtsabzweigung zum Gipfel der Rocha dos Soidos nehmen (auf Kurzwanderung 2 geht man jedoch geradeaus weiter). Wir halten uns auf dem Hauptweg, der sich bergauf windet, vorbei an allen Seitenwegen.

Mit dem Aufstieg wird der Rundblick immer besser; rechts liegt die Rocha da Pena. Wir halten uns rechts, während wir uns einer Mauer nähern (**1Std27Min**). Nach einer Minute erreichen wir sie und treffen auf einen von Mauern gesäumten Weg, der links abzweigt. Wir gehen jedoch geradeaus weiter auf einen schmalen Pfad zu, der zum Gipfel hinaufführt. (Wo dieser Pfad beginnt, steht links eine Mauer, rechts ein kleines Betongebäude.) Nach drei Minuten führt der Pfad durch die linke Mauer und steigt über Terrassen an, bevor er zwei Minuten später wieder durch die Mauer zurückführt. Vom Gipfel (**1Std34Min**) hat man eine erstklassige Aussicht in alle Richtungen. Nach Norden ist jenseits des Tals das Dorf Sarnadas zu erkennen, und dahinter läuft ein Flickenteppich aus Äckern, Feldern und Hainen in der Entfernung aus.

Vom Gipfel kehren wir auf dem gleichen Weg zum Beginn des Gipfel-Abstechers zurück (**1Std50Min**) und biegen hier nach rechts. Schon bald wird der Weg schmäler und teilweise steinig. Er führt nach Alte zurück und hält sich für einige Zeit auf gleicher Höhe mit Blick auf das flache Tal unseres Hinwegs. Wir nähern uns einem Haus in Soidos de Baixo; wo der Weg nach rechts schwenkt (**2Std07Min**), halten wir nach dem Pfad Ausschau, der in einer Biegung links hinunterführt. Wir folgen ihm bergab in Richtung eines Backsteingebäudes und Ziegenstalls, doch nach einer Minute — noch vor ihrem Erreichen — biegen wir nach rechts bergab und lassen sie links liegen. Sogleich gehen wir links um ein schmales Feld herum weiter bergab. Wo mehr Landwirtschaft betrieben wird (**2Std10Min**), halten wir uns an der Gabelung links und gehen zwischen unterschiedlich hoch gelegenen Feldern hindurch.

Hinter den Feldern gehen wir auf dem Pfad weiter; er führt uns zum Talboden zurück. An der Rechtsabzweigung eines Pfades (**2Std14Min**) gehen wir vorbei; dann (**2Std21Min**) erreichen wir den ursprünglichen Hinweg. Wir biegen nach rechts; nach einer Minute kommen wir am ersten Kalkofen der Wanderung vorbei. An der Verzweigung (**2Std22Min**) halten wir uns rechts (Kurzwanderung 1 mündet hier ein); wir verlassen den Hinweg, um auf einer anderen Route nach Alte zurückzukehren. Wir gehen auf dem steinigen Pfad weiter; links verläuft eine Mauer. Wir halten uns links, wo sich der Pfad teilt (**2Std25Min**), um in ein Wäldchen zu gelangen. Der Pfad führt zunächst gemächlich, dann aber steiler bergab. Bis zum Erreichen des Hauptweges (**2Std31Min**) ist er nicht leicht begehbar; der Hauptweg führt rechts nach Alte zurück. Vier Minuten später kommen wir an der Hauptpicknickstelle vorbei. Wir folgen dem Hinweg zurück nach Alte (**2Std50Min**).

13 PADERNE • CASTELO • AZENHAL • PADERNE

Entfernung/Gehzeit: 14 km; 2Std50Min

Schwierigkeitsgrad: Leicht bis mittel. Es gibt einige Pfade, doch der größte Teil der Wanderung verläuft auf teils steinigen, meist aber gut begehbaren Wegen; wenige Steigungen.

Ausrüstung: Feste Schuhe/Stiefel, langärmeliges Hemd, lange Hosen, Sonnenbrille, Sonnencreme, Pullover, Regenschutz, Proviant, Wasser

Anfahrt: 🚌 von Albufeira nach Paderne (Fahrplan 7). Fahrzeit 21Min. 🚗: Auf dem Parkplatz am Stadion parken.
Rückfahrt: 🚌 von Paderne nach Albufeira (Fahrplan 7) oder mit dem 🚗

Kurzwanderungen: Alle sind leicht; Ausrüstung wie oben.

1 Paderne — Castelo — Paderne (6,9 km; 1Std10Min). Der Hauptwanderung bis zur Burg folgen; Rückkehr auf dem gleichen Weg, um der Hauptwanderung ab der 2Std18Min-Stelle zu folgen.

2 Paderne — Castelo — Albufeira-Straße (7,2 km; 1Std24Min). Der Hauptwanderung bis zur 1Std23Min-Stelle folgen, dann nach links zur Straße biegen, um einen Bus nach Albufeira zu nehmen (die Haltestelle befindet sich fast gegenüber dem Wegende).

3 Paderne — Castelo — Paderne (8,0 km; 1Std35Min). Der Hauptwanderung bis zur Burg und weiter zur Brücke folgen. Rückkehr entsprechend der Hauptwanderung, aber ab der 2Std04Min-Stelle.

4 Rundwanderung Paderne (9,4 km; 2Std). Diese Wanderung führt uns zur Burg, zur Brücke und zur Wassermühle (Azenhal) auf der gegenüberliegenden Flußseite. Entsprechend der Hauptwanderung bis zur Brücke gehen und sie überqueren. Unmittelbar hinter der Brücke nach rechts (statt nach links) biegen und dem Fußweg entlang dem Fluß zur Mühle folgen. Rückweg entsprechend der Hauptwanderung ab der 1Std51Min-Stelle.

Variante: Paderne — Azenhal — Paderne (11,5 km; 2h17Min). Auf der Hauptwanderung bis zur 1h05Min-Stelle, dann nach rechts und geradeaus weiter. Nach etwa zwei Minuten nach rechts auf den *zweiten* schmaleren Weg einbiegen in Richtung der Burg. Der Weg verläuft an einem verfallenen Gehöft vorbei und wird mehr zum Feldweg, während er nach Nordosten führt. Wir folgen ihm nach links unter einer Stromleitung hindurch links an einem Betonmast

Die Brücke über den Fluß Quarteira mit der Burg von Paderne im Hintergrund (Picknick 13)

vorbei. Bei der Rechtsbiegung halten wir uns geradeaus auf einem Pfad, der in Richtung Autobahn und zu einem weißen Bauernhof führt. Der unscheinbare Pfad führt in ein Feld hinunter. Wir betreten das Feld, machen aber nur 25 Schritte halbrechts und gehen dann rechts durch einen Einschnitt hindurch. Danach halten wir uns halblinks, um dann fast sofort wieder links auf den Bauernhof zurückzuschwenken. Eine Mauer zur Linken und eine weitere Mauer vor uns geleiten uns zu einem alten Pfad, der hinunter ins Tal führt. Am Talboden treffen wir auf einen alten Querweg und biegen nach rechts. Eine Minute später halten wir uns an der Verzweigung rechts und wieder rechts an der nächsten Verzweigung und kommen am Fluß heraus (1h20Min). Links liegt Azenhal; wir gehen rechts weiter und kommen an der 1h53Min-Stelle auf die Hauptwanderung.

Die Burg von Paderne reicht in die Zeit der Mauren zurück. Auf einem Hügel errichtet und auf drei Seiten von dem Fluß Quarteira umgeben, spielte sie während der arabischen Herrschaft bei der Verteidigung der Gegend eine wichtige Rolle. Die Burg wurde 1249 während der Regentschaft Don Afonso III. eingenommen, doch ist weder belegt, ob die Schlacht erbittert und blutig war, noch, ob die Burg beschädigt wurde. 1305 übergab Don Dinis die Burg dem Vorsteher des Aviz-Ordens, Don Lorenço Annes, woraus sich schließen läßt, daß die Burg zu dieser Zeit noch benutzt wurde. Heutzutage sind nur noch die Außenwände ausreichend erhalten, um uns an die vergangene Größe zu erinnern. Große Teile des Inneren wurden zerstört, obwohl noch Reste der Kapelle existieren. Die nahegelegene Brücke, die in hohen Bogen den Fluß überspannt, stammt wahrscheinlich aus früherer, römischer Zeit, als der Fluß schiffbar war. Im Laufe des Mittelalters wurde sie, wahrscheinlich von Kreuzrittern, wiederaufgebaut; dem Zahn der Zeit hat sie erstaunlich gut widerstanden.

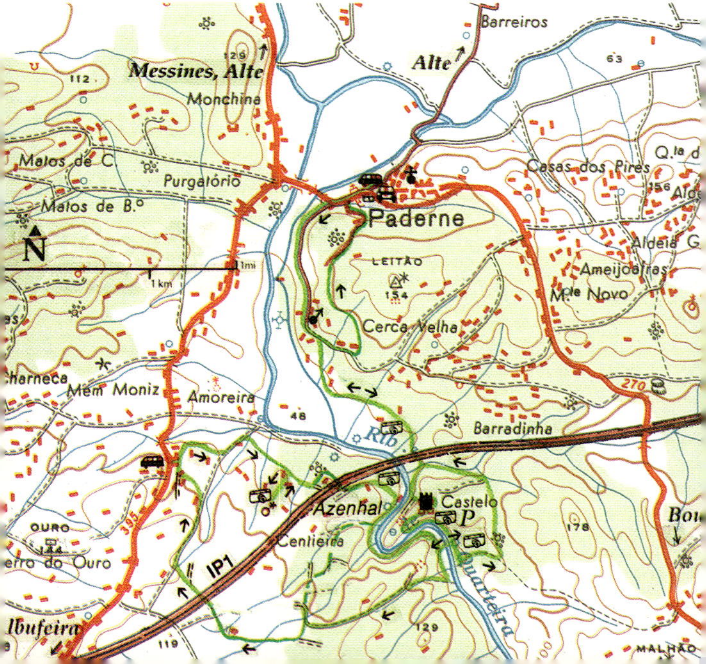

Wir beginnen die Wanderung am Stadion von Paderne auf der Bouliqueime-Straße unterhalb der Stadt. Rechts an einem Friedhof vorbei geht es Richtung Purgatório. Wir nehmen nicht die erste Linksabzweigung (Rückweg), sondern die *zweite* (**2Min**; Ausschilderung »Fonte«) und folgen diesem Straßchen durch ein Landwirtschaftsgebiet, um nach zehn Minuten eine Quelle (*fonte*) zu erreichen. Hier nehmen wir den Weg nach links, halten uns sogleich an einer Verzweigung rechts und folgen dem Wegweiser »Castelo«. Gleich darauf kommt die Burg vor uns hinter Orangen- und Olivenhainen in Sicht. Auf dem Hauptweg überqueren wir die Autobahn und erreichen eine Verzweigung (**26Min**). Hier schwenkt der Hauptweg nach links zur Burg hinauf; wir jedoch gehen geradeaus auf einem kleineren Weg weiter, der zum Fluß führt. Nach zwei Minuten biegen wir links auf einen Pfad, der steil den Hang hinaufführt, und folgen ihm zur Burg (Picknick 13; **32Min**).

Von einer Seite der Burg hat man freie Sicht gegen Paderne, während man von der anderen Seite auf die faszinierende Bogenbrücke blickt, die Teil eines alten Handelsweges war. Dorthin gehen wir als nächstes. Wenn man vor der Burg stehend auf sie blickt, führt an der linken Seite ein schmaler Pfad entlang, von dem aus man zunächst die alte Brücke sieht. Wir gehen auf diesem Pfad entlang; er führt nicht sofort hinunter, sondern hält sich auf gleicher Höhe am Hang und entfernt sich von der Brücke flußaufwärts. Nach drei Minuten schwenkt der Pfad nach links und dann wieder rechts; er führt leicht abschüssig weiter und biegt nach links in Richtung Fluß. Kurz vor Erreichen des bewirtschafteten Landes unten am Fluß wenden wir uns links dem Flußufer zu. Dort führt ein markanter Pfad entlang (**38Min**), dem wir stromabwärts — den Fluß zur Rechten — in Richtung Brücke folgen. *Arundo donax*, das Spanische Rohr, wächst hoch am Fluß.

Dann (**45Min**) erreichen wir die Brücke. Wir überqueren sie und biegen nach links (die Route des Rückweges kommt hier von rechts; an dieser Stelle biegt auch Kurzwanderung 4 nach rechts). Wir gehen zunächst am Fluß entlang, doch nach knapp einer Minute nehmen wir den Pfad, der rechts ansteigt. Es geht jetzt stetig durch ein altes Anbaugebiet bergauf; an einer Stelle müssen wir durch eine eingebrochene Terrassenmauer hindurchsteigen (**54Min**). Eine Minute später trifft der ansteigende Pfad auf einen Querpfad, in den wir nach links einbiegen. Der Pfad schwenkt dann nach rechts und geht in einen schönen alten Weg über, welcher auf einen von Mauern gesäumten, holprigen Weg führt. Schließlich (**1Std**) liegen die meisten Aufstiege hinter uns; während es leicht abwärts geht, kann man die freiere Sicht durch Mandelhaine genießen.

Wir biegen an einem Querweg (**1Std05Min**) nach links (die Variante geht hier nach rechts) und biegen nach knapp zwei Minuten rechts auf den Querweg ein. Wir gehen links vorbei an einer Wellblechhütte Richtung Autobahnbrücke und hinter der Brücke geradeaus weiter. Dann (**1Std13Min**) schwenkt der Weg nach rechts; wir gehen jedoch geradeaus weiter, um auf einen Erdweg zu gelangen, der bald zu einem von Steinmauern gesäumten Weg wird. Bald darauf erreichen wir eine Siedlung; der Weg biegt zwischen zwei Häusern ein. An einem Querweg (**1Std22Min**) biegen wir nach rechts, um nach einer Minute auf einen befestigten Weg zu stoßen (**1Std23Min**). Hier gehen wir geradeaus weiter (Kurzwanderung 2 führt nach links und trifft bei Cerro do Ouro fast augenblicklich auf die Straße Albufeira/Paderne).

Auf dem breiten Weg gehen wir zurück zum Fluß. Dann (**1Std32Min**) achten wir rechts auf einen Pfad, der ein Stück des Weges abkürzt. Unmittelbar nachdem er eine Minute später wieder auf den Weg einmündet, biegen wir rechts auf einen anderen Weg zu einer alten Windmühle (**1Std35Min**) ab. Die Mechanik ist noch vorhanden, doch Vorsicht beim Betreten des Gebäudes — es droht einzustürzen. Man hat schöne Ausblicke, unter anderem auf die Hügel im Norden. Wir kehren zum Weg zurück und gehen rechts weiter. Vor uns kommt die Burg in Sicht (**1Std42Min**), und wir gelangen an eine Wegkreuzung. Die Hauptrichtung ist geradeaus, doch um die Autobahnbrücke zu überqueren, müssen wir hier nach links biegen, vorbei an einem weißen Bauernhaus. Nach der Brücke halten wir uns rechts, gehen dann den Querweg nach links (**1Std46Min**) und weiter hinunter zum Fluß mit schönem Ausblick auf die Burg. Während wir uns dem Fluß nähern (**1Std49Min**), sollten wir auf einen Pfad achten, der nach rechts hinunterführt und den Weg etwas abkürzt. Er führt innerhalb von zwei Minuten hinunter in die Nähe der alten Mühle (Azenhal). Wenn das Wasser hier niedrig ist, können wir die Wanderung verkürzen, indem wir den Fluß am Wehr überqueren und den Rückweg an der 28Min-Stelle aufnehmen.

Hinter der Mühle biegen wir nach rechts und folgen dem Fußweg am Fluß entlang. Die cremefarbene *Narcissus papyraceus* schmückt den Weg. Wir erreichen die Brücke (**2Std 04Min**), überqueren sie und biegen rechts auf einen Pfad ein, der sich bald in einen stark erodierten Weg verwandelt. An einer Wegkreuzung (**2Std08Min**) biegen wir links ab. Wir halten uns auf dem Hauptweg, bis wir den kleinen Hügel erklommen haben und wieder hinuntergehen. Wo wir auf den Weg stoßen, der zur Burg hinaufführt (**2Std13Min**), gehen wir rechts hinunter — an dem Weg vorbei, der vier Minuten später rechts einmündet. Dann (**2Std18Min**) gelangen wir auf den Rückweg und biegen nach rechts unter der Autobahn hindurch. Wir gehen weiter bis zum Querweg nahe der *fonte* zur Linken (**2Std32Min**). Hier biegen wir rechts ab und gehen nach drei Minuten links den Weg hinauf um den Hang herum. Dann (**2Std45Min**) treffen wir auf eine Straße und laufen rechts hinunter bis zum Parkplatz (**2Std50Min**).

14 PENA • ROCHA DA PENA • PENA

Entfernung/Gehzeit: 10,0 km; 2Std25Min

Schwierigkeitsgrad: Mittel. Obwohl die Rocha da Pena eine Höhe von 479 m erreicht, liegt der Ausgangspunkt bereits auf 250 m, so daß es nur geringe Steigungen gibt. Die Wege sind allgemein gut — außer dem Pfad unterhalb des Gipfels, der etwas überwachsen ist, sowie einem schwierigen Abschnitt unten am Hang zur Windmühle, der sorgfältige Beinarbeit verlangt.

Ausrüstung: Feste Schuhe oder Stiefel, langärmeliges Hemd, lange Hosen, Sonnenbrille, Sonnencreme, Regenschutz, Proviant, Trinkwasser

An- und Rückfahrt: Nur mit 🚗. Siehe Autotour 3, Seite 36, für genaue Hinweise. Abseits der Hauptstraße gegenüber der östlicheren der beiden Zugangsstraßen nach Pena parken, 4 km westlich von Salir.

Kurzwanderungen:

1 Rundwanderung Pena (6,4 km; 1Std25Min; Schwierigkeitsgrad leicht bis mittel). Der Hauptwanderung folgen, aber an der 40Min-Stelle den Abstecher zum Gipfel weglassen und der Wegbeschreibung ab der 1Std40Min-Stelle folgen.

2 Picknickausflug (4,4 km; 1Std, leicht). Den ersten 29Min der Wanderung bis zu dem unten abgebildeten Picknickplatz folgen; Rückkehr auf dem gleichen Weg.

3 Von Pena zu den Windmühlen (4,4 km; 1Std; leicht). Der Hauptwanderung zu der Verzweigung (10Min) folgen, hier nach rechts biegen und dann sofort nach links auf einen steinigen Weg wenden, der links von den Windmühlen den Hang hinaufführt. Auf dem Kamm (28Min) nach rechts zu den Mühlen biegen. Rückkehr auf demselben Weg.

Picknick 14 liegt unweit der verwitterten Kalksteinfelswand der Rocha da Pena (etwa eine halbe Stunde nach Beginn der Wanderung). In der Nähe gedeiht die wilde Pfingstrosenart Paeonia broteri in verschwanderischer Fülle. Inhre roten Blüten sind von Februar bis Mai zu sehen.

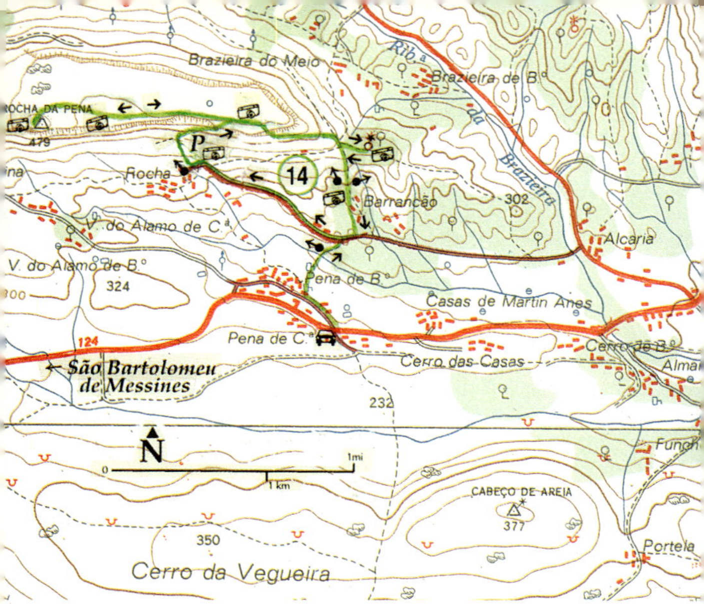

Eine weitere Wanderung durch die Kalksteinregion Barrocal (genauere Informationen auf Wanderung 11), doch nur auf dem Abstecher zum Gipfel der Rocha da Pena begegnet uns das für die Gegend typische Buschwerk *(matos)*. Außerhalb des Barrocal ist die Macchie ganz unterschiedlich; einige charakteristische Pflanzen werden auf Wanderung 17 erwähnt.

Buschland ist eine wichtige mediterrane Vegetationsform, doch wird es trotz vieler Gemeinsamkeiten überall anders bezeichnet. Im Osten der Iberischen Halbinsel bezieht sich der Ausdruck *macchie* oder *maquis* auf das hohe Buschwerk, in dem die Büsche mannshoch oder noch höher werden; *phrygana* oder *garrigue* wird für das kniehohe, offenere Buschland benutzt. Die Portugiesen gebrauchen für beide Formen einen Ausdruck: *matos*; auf Spanisch heißt es entsprechend *mattoral*. Die Pflanzengemeinschaft, aus denen sich die *matos*-Vegetation zusammensetzt, ist ein guter Indikator für das Ausgangsgestein. In der Algarve ist sie besonders leicht zu »lesen«, um festzustellen, ob man sich der Region Barrocal befindet. Die Kermeseiche (*Quercus coccifera*) mit ihren stacheligen Blättern, der buschige Ölbaum (*Olea europea*), der wilde Jasmin (*Jasminium fruticans*), die Französische Zistrose (*Cistus monspeliensis*) mit ihren kleinen weißen Blüten und die Zwergpalme (*Chamaerops humilis*) sind einige der vielen Pflanzen, die verläßlich das Vorhandensein von Kalkstein anzeigen.

Von dem kleinen Dorf Pena führt diese Wanderung durch eines der vielen fruchtbaren Täler der Gegend und steigt auf einen Rücken an, von wo aus man zum Gipfel aufbrechen kann. Der Rückweg führt über den Rücken zu zwei alten Windmühlen, die von Pena aus leicht zu sehen sind, und geht dann fast direkt zum Dorf hinunter.

Wir beginnen die Wanderung am Parkplatz und gehen die Seitenstraße nach Pena hinunter. Nach **2Min**, direkt vor Erreichen eines weiß gekachelten Brunnens (rechts), biegen wir

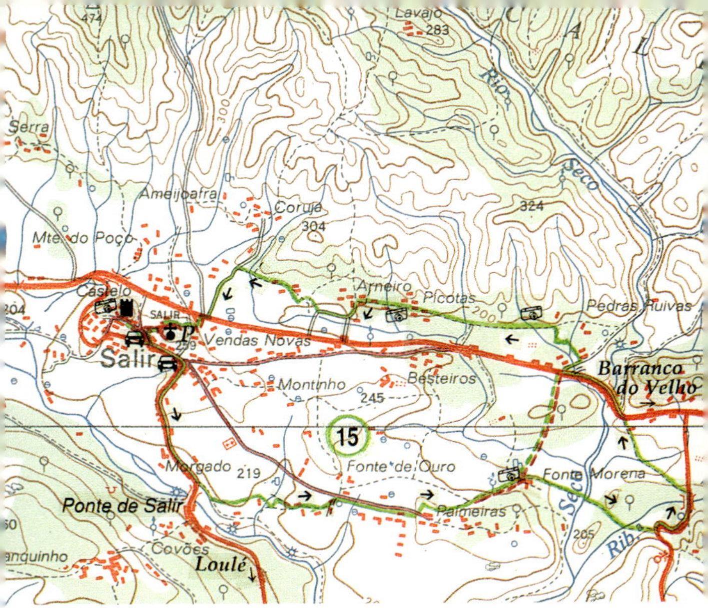

nach rechts und gehen auf das Waschhaus zu. Nach knapp einer Minute (noch vor Erreichen des Waschhauses) biegen wir rechts auf einen Weg ein, der scharf nach rechts schwenkt. Wo er wieder nach links schwenkt, kommen die Rocha (»Felsen«) und einige Windmühlen am Horizont in Sicht. Unsere Route führt nun zwischen Olivenhainen hindurch, und man kann für einige Zeit die ländliche Stille genießen. Bald (**7Min**) kommt links ein Brunnen; kurz danach steigen wir zu einer Straße an (**10Min**) und biegen nach links (auf Kurzwanderung 3 nach rechts).

Auf dieser Straße geht es weiter; die Rocha da Pena erhebt sich jetzt rechts, und man hat auf das linke Tal einen freien Blick. Wir laufen geradeaus zu einer kreisförmigen Quelle (**23Min**), wo es ein schönes Café gibt. Die weiterführende Route zur Rocha da Pena ist jenseits dieses Cafés nach rechts bergauf ausgeschildert. Es folgt für drei Minuten ein steiler Aufstieg, bis wir an einer Stelle vorbeikommen, an der links ein Weg einmündet. Danach gelangen wir in einen lichten Wald und die Steigung läßt nach. Im Schatten von Johannisbrotbäumen (Picknick 14; **29Min**) genießt man eine schöne Sicht auf die Felder im Tal — ein gutes Picknickplätzchen. Wir halten uns auf dem Weg, der nach rechts schwenkt und unterhalb der Felsen der Rocha da Pena entlangführt. Der Weg steigt ziemlich stetig an; einige ebene Abschnitte gönnen uns etwas Erholung. Oben auf dem Hügel angelangt (**40Min**), erreichen wir eine Lichtung mit einem Joahnnisbrotbaum in der Mitte, ein weiterer guter Picknickplatz. Die Route zum Gipfel zweigt hier ab, und man muß später zu diesem Punkt zurückkehren, um die Wanderung fortzusetzen (auf Kurzwanderung 1 geht man hier geradeaus weiter). Wir halten nach dem markierten Pfad Ausschau, der die Lichtung unmittelbar links von der Stelle verläßt, an der wir hierher gekommen sind, und folgen ihm. Er führt durch *matos* zurück auf den Höhenrücken. Der deutliche Pfad führt am südlichen Rand des Rückens entlang (wir folgen *nicht* dem größeren Pfad zur Hügelmitte); wir blicken auf die ansteigende Route.

Dann (**50Min**) erreichen wir eine Steinböschung, die sich über den Rücken spannt; wir halten uns am äußersten linken Rand, um einen Weg außen herum zu finden. Mit Blick nach vorne benutzen wir das Rodungsgebiet unterhalb des letzten Anstiegs zum Gipfel als Orientierungshilfe und gehen auf die linke Seite zu. Wo wir die Steinböschung umgehen, gibt es eine Bodenmulde; ab hier gehen wir geradeaus weiter, immer am linken Rand des Rückens entlang, bis das Rodungsgebiet erreicht ist (**1Std01Min**). Wir durchqueren das Rodungsgebiet und gehen einen Weg hinauf; der trigonometrische Vermessungspunkt ist links zu sehen. Wo der Weg leicht abzusteigen beginnt, geht man durch zwei Steinmauern und nimmt einen Pfad, der schräg nach links wegführt. Anfänglich verläuft er rechts um *matos* herum, dann führt er als deutlicher Pfad durch *matos* hindurch zum Vermessungspunkt mit seiner eindrucksvollen Aussicht hinauf (**1Std10Min**).

Wir kehren auf dem gleichen Weg zur Lichtung zurück (**1Std40Min**), suchen hinter der Lichtung mit dem Johannisbrotbaum den kleineren Weg und gehen hier weiter (Pena liegt jetzt rechts). Der Weg verschmälert sich bald zu einem Pfad; wo er sich verzweigt (**1Std44Min**), halten wir uns rechts und steigen nach einer Minute über den Rand des Rückens. Der steile schräge Abstieg ist steinig und erfordert während der nächsten vier Minuten besondere Vorsicht, bis der Pfad etwas direkter auf die Windmühlen zuführt. An der Rechtsabzweigung eines Pfades gehen wir geradeaus weiter. Wir nähern uns den Mühlen; der Pfad schwenkt um das Ende des Rückens herum nach Norden und trifft auf einen holprigen Feldweg (**1Std55Min**). Hier biegen wir nach rechts; zwei Minuten später treffen wir auf einen befestigten Weg und biegen nach links zu den Windmühlen (**2Std**). Eine Mühle verfällt, die andere ist geschlossen, so daß man nicht ins Innere blicken kann — aber wenigstens kann man auf diesem windigen Rücken einen besonders schönen Ausblick genießen.

Ab hier gehen wir drei Minuten lang auf dem befestigten Weg bis zu der Stelle zurück, an der wir ursprünglich hierher abgebogen sind. Jetzt halten wir nach einem Weg Ausschau, der schräg links nach Pena hinunterführt. Er führt uns zu einem Rücken (**2Std07Min**) und folgt jetzt zwischen zwei kleinen Wasserreservoirs dem Gefälle des Rückens. An der Straße (**2Std14Min**) biegen wir nach rechts und gehen dann sofort nach links, um über den Hinweg nach Pena zurückzukehren. Der Dorfladen mit Bar befindet sich am Telefonschild (**2Std25Min**).

15 RUNDWANDERUNG SALIR

Siehe Karte Seite 102-103 und Abbildung Seite 39

Entfernung/Gehzeit: 11,0 km; 2Std10Min

Schwierigkeitsgrad: Leicht bis mittel. Die Wanderung verläuft auf überwiegend guten (obwohl teilweise steinigen) Wegen; wenige Steigungen.

Ausrüstung: Feste Schuhe oder Stiefel, kurze oder lange Hosen, langärmeliges Hemd, Sonnenhut, Sonnenbrille, Sonnencreme, Regenschutz, Proviant, Trinkwasser

An- und Rückfahrt: Nur 🚗. Genaue Hinweise auf Autotour 3, Seite 36. Das Auto auf der Südseite von Salir an der breiten Straße kurz vor der Kreuzung mit der Straße nach Loulé stehenlassen.

Kürzere Rundwanderung: 9,2 km; 1Std50Min; Schwierigkeitsgrad und Ausrüstung wie oben. Zunächst der Hauptwanderung folgen, nach 38Min jedoch nicht nach rechts biegen, sondern auf dem gleichen Weg bleiben, um nach 12 Minuten auf die Hauptstraße zu treffen. Sie überqueren und einem Weg folgen, der auf die rechte Seite eines Bauernhauses führt, wo wir auf die Route der Hauptwanderung an der 1Std13Min-Stelle gelangen.

Das große Tal um Salir bietet eine unerwartet vielfältige Landschaft, die nur zu Fuß wirklich geschätzt werden kann. Diese Wanderung verläuft auf schmalen, von Hainen begrenzten Fußwegen sowie auf breiten Wegen durch wilde Gegenden; wir durchqueren Flüsse auf Trittsteinen und kommen durch Ortschaften, die von der Landwirtschaft geprägt sind. Schließlich kehren wir zur Kirche im Zentrum von Salir zurück — ein spektakulärer Aussichtspunkt. Außerdem besuchen wir das alte Burggelände, bevor es zurück zum Auto geht.

Wir beginnen die Wanderung, indem wir an der ersten Verzweigung rechts abbiegen und die Loulé-Straße zum Fluß und zur Brücke (Ponte de Salir) hinuntergehen. Nach **8Min**, genau vor der Brücke, biegen wir links auf einen Weg ein, der durch ein Landwirtschaftsgebiet führt. Während wir uns vier Minuten später einem Bauernhaus nähern, gehen wir zunächst auf den Eingang des Hofes zu, und schwenken dann nach links, um den Weg aufzunehmen; er verschmälert sich

Mandelhaine um Salir

bald zu einem Pfad durch Oliven- und Johannisbrotbaumhaine. An einer Verzweigung halten wir uns rechts und gehen an einer breiten Linksabzweigung vorbei. Es sieht so aus, als ob der Pfad bei einem Haus enden würde (**15Min**), doch wenden wir uns vor dem Haus nach rechts, um seine Fortsetzung zu finden. Eine Minute später, nach dem Überqueren des Winterbaches, schwenkt der Pfad nach links und kreuzt einen Pfad (**18Min**); hier biegen wir rechts ab und gehen auf diesem Pfad weiter, der als Feldweg weiterführt. Eine Minute später treffen wir auf eine schmale Straße und biegen rechts ab. Wir gehen gemächlich bergauf; im zeitigen Frühjahr entdeckt man am Straßenrand die Pfingstrosenart *Paeonia broteroi*, mit eleganten roten Blüten.

Oben auf der Anhöhe angelangt (**24Min**), biegen wir direkt vor dem ersten linken Gebäude nach links und sogleich nach rechts auf einen holprigen Weg. Dieser Weg verläuft zwischen Mauern durch Orangen- und Mandelhaine (Foto Seite 105). Nach vier Minuten kommen wir in einer Kurve auf einen guten, befestigten Weg und gehen hier geradeaus weiter. Wir gehen an allen Seitenwegen vorbei, bis wir (**38Min**) auf eine Verzweigung treffen (genau nachdem der Hauptweg nach links biegt). Hier münden rechts zwei Wege ein. Wir nehmen den zweiten, holprigen Weg, der bald von Mauern eingefaßt wird und mit sanftem Gefälle durch ein landwirtschaftliches Gebiet führt (auf der kürzeren Wanderung geht man jedoch geradeaus auf dem befestigten Hauptweg weiter). Wir gehen geradeaus weiter, wo der Hauptweg nach links führt (**42Min**).

Dann (**44Min**) erreichen wir den ersten von zwei Flüssen, und es gibt gerade genug Trittsteine, um ihn zu durchqueren und die Wanderung auf dem gegenüberliegenden Weg fortzusetzen. Er führt nach vier Minuten zu einem viel steinigeren Fluß, den wir schräg nach rechts durchqueren, um auf einen von Mäuerchen eingefaßten Weg zu gelangen, der ansteigt und nach links schwenkt; es bieten sich Ausblicke zurück auf den Fluß, bevor wir (**53Min**) die Asphaltstraße erreichen. Wir gehen die Straße links hinunter, überqueren vier Minuten später die Brücke und halten nach einem Weg Ausschau, der sogleich links abzweigt. Dieser Weg führt zunächst durch einst bewirtschaftetes Land, das jetzt von *matos* zurückerobert wird. Wir wenden uns nach rechts, wo von links ein Weg ansteigt (**1Std01Min**). Nach dem Überqueren eines kleinen Bachs (**1Std03Min**) gehen wir schräg nach links, um auf einen holprigen Feldweg zu gelangen, der rechts zur Straße und einem weißen Haus schwenkt. Wir gehen vor dem Haus vorbei, um die Straße nach Salir zu erreichen (**1Std07Min).** Wir gehen auf der Straße nach links bergab und überqueren die Brücke über den Rio Seco. Unmittelbar hinter der Brücke kommt die erste Rechtsabzweigung; hier gehen wir geradeaus weiter, nehmen jedoch den *zweiten* Weg nach rechts (kurz vor einem Haus und Bauernhof; **1Std13Min**). (Die kürzere

Rundwanderung mündet hier wieder ein.) Nach nur einer Minute auf diesem Weg biegen wir scharf nach links auf einen holprigen Weg. Er führt zunächst einen kleinen Bach entlang (**1Std15Min**) und dann bergauf zwischen Korkeichen auf ein kleines weißes Haus zu. Der Weg schwenkt genau vor dem Haus nach links und gibt kurz den Blick auf den weißen Kirchturm von Salir frei.

Der Charakter der Wanderung ändert sich auf dem Weg zurück nach Salir; die Route führt rechts oberhalb der Hauptstraße entlang durch eine Reihe von Ortschaften. Wir wandern geradeaus, vorbei an allen Seitenwegen, mit Blick nach links auf das malerische Tal und etwas nach rechts auf die Rocha da Pena (Wanderung 14). Von Zeit zu Zeit kommen wir an kleinen Gehöften vorbei, bis wir (**1Std35Min**) eine Ortschaft erreichen. Wir folgen dem jetzt asphaltierten Weg durch die Ortschaft; an zwei Verzweigungen schlängelt er sich nach links und verläuft in Richtung Straße. Wir nehmen den asphaltierten Weg, der innerhalb von zwei Minuten rechts abzweigt, um wiederum auf einen Parallelweg zur Straße zu gelangen. Wir blicken auf die Rocha da Pena, bis wir eine weitere Wegverzweigung erreichen (**1Std40Min**), wo wir rechts bergauf gehen, bis wir nach links schwenken, um nach drei Minuten durch einen Hof zu gehen. Wir gehen auf dem Weg weiter, der auf- und abführt, um durch einen zweiten Hof zu gelangen. An einer weiteren Verzweigung (**1Std 51Min**) biegen wir nach links, um sogleich links auf einen betonierten Weg einzubiegen, der direkt nach Salir verläuft.

Dann (**1Std54Min**) kommen wir auf die Hauptstraße, biegen nach rechts und dann sogleich links auf die nach Salir und Castelo ausgeschilderte Straße. Eine Minute später folgen wir rechts einem Pfad zu einer höhergelegenen Straße hinauf (**1Std57Min**). Wir biegen nach rechts und kurz darauf nach links. Wir erreichen die Kirche und den Platz oben auf dem Hügel (**2Std**). Von diesem ausgezeichneten Aussichtspunkt hat man einen erstklassigen Rundblick. In der Nähe liegt ein kleines Parkgelände mit Sitzgelegenheiten (Picknick 15). Wir empfehlen allerdings, am Vormittag hier nicht zu picknicken, denn aus der Entfernung ist das Läuten der Kirchenglocken durchaus angenehm, aber so nah dran erinnert es eher an Flugzeuge, die die Schallmauer durchbrechen!

Wir verlassen den Platz dort, wo wir ihn betreten haben, und gehen geradeaus durch das alte Salir weiter (an der Straße vorbei, auf der wir ankamen), um die Burgruine zu finden. Die zweite gepflasterte Straße nach rechts (**2Std04Min**; Foto Seite 32) führt hinauf zum alten Wehrgang. Man kann sich nach rechts wenden und gegen den Uhrzeigersinn herumgehen, um nach vier Minuten wieder an der gleichen Stelle herauszukommen, diesmal mit Blick auf die Kirche. Um zur Straße zurückzukehren, auf der wir parken, gehen wir nach rechts bergab und biegen dann zweimal nach links (**2Std10Min**).

16 ESTÓI • GUILHIM • FIALHO • ESTÓI

Entfernung/Gehzeit: 15,2 km; 3Std14Min

Schwierigkeitsgrad: Mittel — hauptsächlich gute Wege, gelegentlich mit steinigen und schwierigen Abschnitten. Der längste Aufstieg führt zum Gipfel des Guilhim (313 m).

Ausrüstung: Feste Schuhe oder Stiefel, langärmeliges Hemd, lange Hosen, Sonnenhut, Sonnenbrille, Sonnencreme, Regenschutz, Proviant, Trinkwasser

Anfahrt: 🚌 von Faro nach Estói (Hinweis: Nicht alle Busse fahren nach Estói hinein; Fahrplan 6 benutzen!). Fahrzeit 20Min. 🚗: Siehe Autotour 3. In Estói oder Milreu parken.
Rückfahrt: 🚌 von Estói nach Faro (Fahrplan 6) oder mit dem 🚗

Kurzwanderungen: Schwierigkeitsgrad und Ausrüstung wie oben.

1 Milreu — Guilhim — Milreu (7,1 km; 1Std42Min). Der Hauptwanderung zum Obelisken auf dem Gipfel des Guilhim und dem unterhalb davon verlaufenden Weg folgen (1h13Min-Stelle). Hier nach rechts gehen und auf diesem Weg halten; zehn Minuten später kommt man nahe an einer alten Windmühle vorbei (Abstecher zu ihr: 0,8 km). Auf dem Weg halten und nach zwei Minuten an der Rechtsabzweigung eines Weges vorbeigehen (Kurzwanderung 2 mündet hier ein). Nach 17 Minuten treffen wir auf die Asphaltstraße und sechs Minuten später dann die Kreuzung mit dem Hinweg (31Min-Stelle). Nach links auf den Weg einbiegen, um zurück nach Estói zu gelangen.

2 Milreu — Guilhim — Milreu (7,4 km; 1Std42Min). Der Hauptwanderung zum Obelisken auf dem Gipfel des Guilhim folgen und den gleichen Weg zurückgehen, bis das Ende des Weges erreicht ist, dem wir an der 56Min-Stelle erstmals begegnet sind. Ab hier den Weg hinuntergehen; nach sieben Minuten treffen wir auf einen weiteren Weg und halten uns scharf rechts. Geradeaus gehen, um nach 14 Minuten auf die Asphaltstraße zu treffen und sechs Minuten später den Hinweg (31Min-Stelle) zu kreuzen. Nach links auf den Weg einbiegen, um zurück nach Estói zu gelangen.

3 Milreu — Guilhim — Milreu (10 km; 2Std08Min). Der Hauptwanderung zur Bordeira-Straße folgen (1Std47Min-Stelle). Dann, statt die Brücke zu überqueren, den Weg geradeaus weitergehen. Er führt nach 20 Minuten auf den Hinweg (25Min-Stelle) zurück. Hier links abbiegen, um nach Estói zurückzugehen. (Diese Abkürzung führt an einem Steinbruch vorbei, an dem es für ungefähr fünf Minuten sehr staubig sein kann, wenn man das Pech hat, einem Laster zu begegnen.)

4 Estói — Guilhim — Faro-Straße (11,1 km; 2Std27Min). Der Hauptwanderung zur Faro-Straße folgen (2Std27Min), an der man einen Bus anhalten kann.

5 Estói — Fialho — Estói (11,8 km; 2Std10Min). Der Hauptwanderung zur 25Min-Stelle folgen. An dieser Verzweigung nach rechts biegen und dem Weg am Steinbruch vorbei (siehe 3 oben) folgen. Nach 19 Minuten gelangen wir auf eine schmale Asphaltstraße, auf die wir nach rechts biegen, eine Brücke überqueren und nach einer Minute auf die Bordeira-Straße treffen. Hier der Hauptwanderung ab der 1Std47Min-Stelle folgen.

Estói bietet zwei besondere Sehenswürdigkeiten: Grandmauern eines römischen Landgutes (Milreu) nahe dem Ausgangspunkt der Wanderung und an deren Ende den alten Palast (Palacio do Visconde de Estói). Das Landgut entstand im 1. oder 2. Jh. v.Chr. und soll angeblich bis in das 8. Jh. n.Chr.

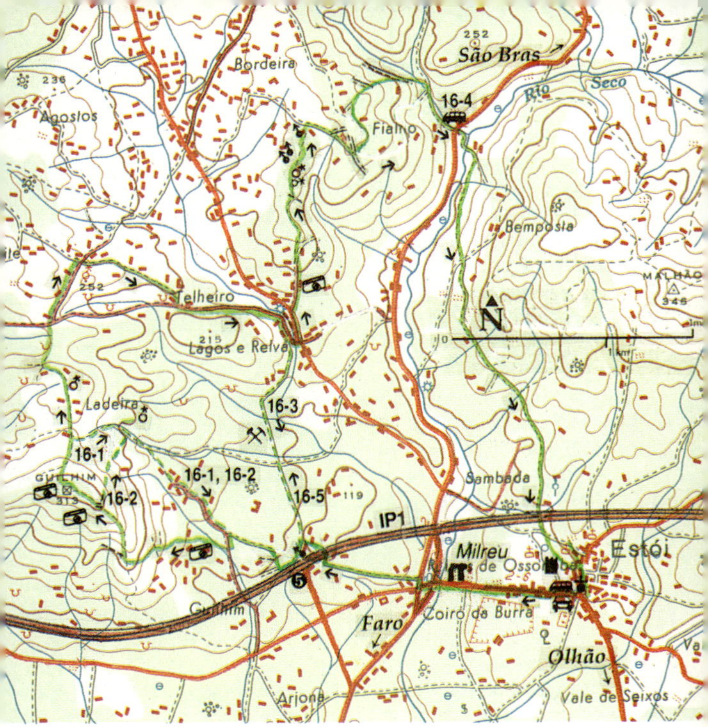

existiert haben. Die Ausgrabungen brachten eine Badeanlage mit Mosaikresten sowie Grundmauern von Häusern und die Apsis eines römischen Tempels ans Licht. Der Palast aus dem 18. Jh. ist in Privatbesitz, aber die Gärten sind der Öffentlichkeit zugänglich. Unsere Wanderung führt von Estói zur Brücke über den Rio Seco, um dann den Aussichtspunkt auf dem Gipfel des Guilhim anzusteuern. Auf einem breiten Gebirgsrücken geht es in nördlicher Richtung weiter. Wir kommen durch landwirtschaftliche Gebiete, bevor wir schließlich nach Fialho abschwenken und wiederum den Rio Seco überqueren.

Wir beginnen die Wanderung am Busbahnhof bzw. Parkplatz und gehen von Estói aus zur Hauptstraße Faro/São Bras zurück. Unterwegs besichtigen wir die römischen Ruinen (montags geschlossen). Wir gehen schräg über die Hauptstraße (**14Min**), um auf den Weg zu gelangen, der rechts von der gegenüberliegenden Asphaltstraße liegt. Wir spazieren in eine ländliche Umgebung hinein, in der der überall verbreitete Gelbe Sauerklee die Wegränder gelb leuchten läßt und verstreute Bauernhäuser zwischen den Feldern zum Reiz der Landschaft beitragen. Bis zur Verzweigung (**21Min**) halten wir uns auf dem Hauptweg und gehen hier nach rechts, um die Autobahnbrücke zu überqueren. Danach geht man zu einem Querweg hinab (**25Min**), dem man nach links folgt. (Kurzwanderungen 1, 2 und 3 kehren zu dieser Stelle zurück; auf Kurzwanderung 5 biegt man hier nach rechts.) Bald (**26Min**) erreichen wir einen Brunnen. Wir bleiben auf dem Weg, der oberhalb der Autobahnauffahrt (unten links) ansteigt. Am

Ende des Aufstiegs (nach etwa einer Minute) biegen wir nach rechts auf den alten Fußweg, der in Richtung Guilhim führt. An der Verzweigung halten wir uns rechts auf den Hügel zu und treffen dann auf eine schmale asphaltierte Straße der wir nach links folgen (**31Min**; Kurzwanderungen 1 und 2 münden hier von rechts ein). Gleich darauf biegen wir rechts auf einen Weg, der schon bald durch eine Ortschaft führt.

Nach Osten blicken wir jetzt auf Olhão und die Anhöhe von São Miguel, die leicht an ihrem Mast zu erkennen ist. Dann (**39Min**) kreuzt ein Weg; wir gehen geradeaus auf einem von Johannisbrotbäumen beschatteten alten Weg weiter. Wenn dieser nach einer Minute endet, gehen wir auf einem Pfad weiter, der über ein Feld führt. Wir gehen weiter auf gleicher Höhe am Hang entlang in Richtung des vor uns liegenden Meeres zu; rechts oben liegen Terrassen und ein verfallenes Gebäude. Wir durchqueren eine Mauer (**42Min**) und erreichen kurz danach eine Verzweigung, an der wir nach rechts biegen, um den ziemlich langen Aufstieg zum Gipfel zu beginnen. Der Pfad führt zunächst links an einer Terrassenmauer entlang, dann durch *matos;* er steigt stetig an und bleibt immer in Nähe der rechten Terrassen. Bald (**45Min**) kann man einen Blick des Obelisken auf dem Guilhim-Gipfel erhaschen, aber es liegt noch ein beträchtlicher Aufstieg vor uns. Das Durchqueren von *matos* ist manchmal schwierig. Dann (**50Min**) führt der Pfad durch die rechte Mauer auf die

alten Terrassen zurück, um sich links davon bergauf in Richtung der weißen Felsen fortzusetzen, die sich gegen den Himmel abzeichnen. Für eine Weile lassen wir die *matos*-Vegetation hinter uns und gehen auf einem deutlicheren Pfad durch einen Hain mit Johannisbrotbäumen und Kiefern; er führt über weiße Felsen steil bergauf und mündet (**56Min**) auf einen Weg. (Kurzwanderung 2 kehrt vom Obelisken zu dieser Stelle zurück, bevor es den Weg hinuntergeht.)

Während wir hier eine Pause machen, genießen wir den weiten Blick von São Miguel im Osten bis Faro im Süden, eingerahmt von der Küste und der mit Gewächshäusern übersäten Ebene. Wir gehen auf dem Weg nach links weiter, der jedoch prompt endet. Wir folgen links einem kleinen Pfad hinunter. An der Verzweigung halten wir uns rechts und steigen durch die Mauer hoch. Danach wird der Verlauf des Pfades für ein kurzes Stück unklar; dann gehen wir links auf dem Kamm zum Obelisken. Den größten Teil des Aufstiegs haben wir jetzt hinter uns, und wir müssen nurmehr dem Pfad durch *matos* folgen, um (**1Std06Min**) den Gipfel zu erreichen. Ein phantastischer Aussichtspunkt: Der Blick erstreckt sich von der Küste im Süden bis zu dem Hügelkranz im Norden.

Dem Meer abgewandt, folgen wir dem Pfad, der zunächst steil nach unten führt. Wir gehen geradeaus weiter, wo der Pfad in einer Biegung auf einen Weg stößt (**1Std13Min**; auf Kurzwanderung 1 biegt man hier nach rechts). Wir gehen auf

Diese Wanderung führt durch eine Gegend, die mit malerischen Bauernhäusern wie dem hier abgebildeten (nach 1Std15Min Wanderzeit) übersät ist. Überwiegend werden Zitrusfrüchte, Oliven, Mandeln und Johannisbrot angebaut. Die Früchte des Johannisbrotbaums werden heute nicht mehr geschätzt; einst wurden sie als Viehfutter verwendet. Diese Bäume sind jedoch immer noch in der ganzen Gegend weitverbreitet.

dem Kamm durch eine bewirtschaftete, bäuerliche Landschaft (Foto Seite 110-111) an den Abzweigungen verschiedener Seitenwege vorbei. An einer Wegkreuzung (**1Std20Min**) biegen wir dem Hauptweg folgend nach rechts; er führt uns jetzt aus dem Kulturland in die *matos*-Vegetation hinunter. Nach fünf Minuten überqueren wir die Asphaltstraße und gehen auf einer breiteren Asphaltstraße vor uns weiter; in der Ferne ist Estói zu sehen. Wo es bergab geht (**1Std29Min**), nehmen wir den Weg nach rechts und folgen diesem holprigen Weg, bis wir nach ungefähr sieben Minuten die Asphaltstraße erreichen und nach links biegen. Oliven- und Johannisbrotbäume bieten von Zeit zu Zeit Schatten, während wir auf dieser schönen Landstraße zur Brücke hinunterspazieren. (Kurzwanderung 3 führt hier auf dem rechten Weg weiter.)

Der Bordeira-Straße (**1Std47Min**) folgen wir nach links (hier ist rechts ein gutes Café). Nach knapp zwei Minuten nehmen wir rechts die schmale Asphaltstraße; sogleich kommen wir an einem Laden vorbei. Die Straße führt steil bergauf, rechts mit Blick auf Estói. Die Asphaltierung endet (**1Std56Min**); der Hauptweg schwenkt nach rechts bergab. Wir laufen hier geradeaus auf einem holprigen Weg in Richtung einer ziemlich neuen Villa und einer verfallenen Windmühle weiter. An einer Wegkreuzung folgen wir dem Hauptweg nach links, um den Rücken zu überqueren. Auf der linken Seite des Rückens schwenkt der Weg nach rechts und führt uns vorbei an zwei verfallenen Windmühlen, einer Villa (rechterhand) und dann zwei Wasserbehältern (linkerhand). Der Weg führt dann an einem runden Wasserbehälter und einigen Häusern (linkerhand) vorbei. Wir stoßen auf einen Weg (**2Std10Min**) und biegen nach rechts. Schon bald hat man sowohl auf den Obelisken auf dem Guilhim-Gipfel (rechts) als auch die verfallenen Windmühlen eine gute Sicht.

Bei Erreichen einer Verzweigung, die beiderseits eines Hauses vorbeiführt (**2Std13Min**), gehen wir nach rechts auf einem alten Weg bergab. Vier Minuten später müssen wir an der Verzweigung aufpassen: Der Hauptweg schwenkt rechts zu einer Fabrik an der Hauptstraße hinunter; ein kleinerer Weg mündet links ein. Wir biegen links ein und nehmen eine halbe Minute später den vor uns liegenden schmalen Fußweg, der von Mauern eingefaßt ist. Wir gelangen zu einem Haus (**2Std 20Min**), das wir rechterhand liegenlassen. Wir steigen einen holprigen Weg mit betonierten Fahrspuren hinunter, vorbei an einem links abbiegenden Weg, und biegen am Querweg nach rechts (**2Std24Min**). Links fließt ein Bach; nach drei Minuten erreichen wir die Hauptstraße Faro/São Bras. (Auf Kurzwanderung 4 kann man hier den Bus nach Faro anhalten.)

Wir überqueren die Straße, um auf einen Weg zu gelangen, der zu einer Brücke führt (**2Std29Min**). Wir überqueren die Brücke und gehen sogleich an der Linksabzweigung eines Weges geradeaus weiter. Sehr bald (**2Std31Min**) gehen wir an einer Verzweigung rechts hinunter. Der Weg verläuft ungefähr parallel zum Fluß, steigt aber stetig an. Unten am Fluß erblicken wir die interessanten Muster der in Reihe und Glied stehenden Orangenbäume. Wir steigen an, stoßen auf die Biegung eines Weges und gehen geradeaus weiter (**2Std42Min**).

Dann (**2Std49Min**) gehen wir an der Linksabzweigung eines Weges geradeaus weiter und halten uns nach einer Minute an der Verzweigung links. Estói kommt in Sicht, und bald geht es nur noch bergab. Der Weg verbreitert sich, bis wir ein Altersheim passieren (**2Std56Min**). Auf unserem Weg durch die landwirtschaftliche Intensivkultur um Estói ist der alte Palast zeitweilig zu sehen. Wir überqueren die Autobahn auf einer Brücke, bis wir einen schräg kreuzenden Weg erreichen (**3Std07Min**). Hier gehen wir geradeaus weiter (links liegt das Palastgelände), um zwei Minuten später unter der Brücke hindurchzugehen, die den Palast mit der Gartenanlage verbindet. Es geht links am Dorfwaschhaus und dem Brunnen vorbei (**3Std10Min**). Kurz vor Erreichen des kleinen Platzes nehmen wir die erste schmale Straße nach rechts und gleich danach die treppenförmige Straße nach rechts. Sie führt zu den Palasttoren und zum Hauptplatz (**3Std14Min**), wo auch der Bus hält.

Gekachelter Brunnen in den Palastgärten von Estói

17 SÃO BRAS • TAREJA • VALE DE ESTACAS • SÃO BRAS

Entfernung/Gehzeit: 10,8 km; 2Std10Min

Schwierigkeitsgrad: Leicht bis mittel. Einige mäßige Steigungen durch eine sanfte Hügellandschaft. Die Wege sind teilweise steinig und schwierig zu gehen.

Ausrüstung: Feste Schuhe oder Stiefel, langärmeliges Hemd, lange Hosen, Sonnenbrille, Sonnencreme, Regenschutz, Proviant, Trinkwasser

Anfahrt: 🚌 von Faro nach São Bras (Fahrplan 6). Fahrzeit 35Min. Mit 🚗: An der breiten zweispurigen Straße (die Wanderung führt hier entlang) parken, die vom Hauptplatz nach Norden führt und nach »Sanatório« ausgeschildert ist. Es ist einfacher, hinter den Läden zu parken. Samstag ist Markttag; eine Fahrbahn wird gesperrt und die andere vorübergehend in beide Fahrtrichtungen benutzt.

Rückfahrt: 🚌 von São Bras nach Faro (Fahrplan 6) oder 🚗

Kurzwanderungen: Beide sind leicht; Ausrüstung wie oben.

1 São Bras — Tareja — São Bras (6,6 km; 1Std20Min). Der Hauptwanderung bis Tareja folgen. Wo man an der Asphaltstraße herauskommt (35Min), rechts abbiegen und geradeaus weiter auf der Straße, bis man — vor der Brücke und der Quelle — einen von Mauern gesäumten Weg (rechts) erreicht (38Min). Diesem folgen, bis nach knapp zwei Minuten die rechte Mauer endet, und den Pfad nach rechts nehmen. Er teilt sich kurz danach; rechts halten. Der Pfad führt durch eine Mauer und auf einen alten Weg; links abbiegen und zu einem Querweg hinaufgehen (44Min). Hier rechts abbiegen, um nach drei Minuten auf den Hinweg zu gelangen (31Min-Stelle der Hauptwanderung). Dann auf dem Hinweg in umgekehrter Richtung nach São Bras zurückkehren.

2 São Bras — Tareja — São Bras (8,6 km; 1Std44Min). Der Hauptwanderung bis hinter Tareja folgen — zu der Stelle, an der man nach 53Min auf einen Weg trifft. Hier rechts (statt links) abbiegen und dem Weg zur Asphaltstraße in der Nähe einer Brücke und einer Quelle folgen (1Std02Min). Hier rechts abbiegen und nach gut einer Minute links in einen von Mauern eingefaßten Weg einbiegen. Ab hier ist die Route identisch mit Kurzwanderung 1, daher obigen Hinweisen ab der 38Min-Stelle folgen, um nach São Bras zurückzukehren.

»Alle Wege führen zum Fluß« (nach 55 Minuten der Hauptwanderung). Picknickplatz 17 liegt in der Nähe.

São Bras liegt am Rande der Kalksteinregion Barrocal. Diese Wanderung führt durch interessante ländliche Landschaften zum Dorf Tareja und setzt sich in einer sehr unterschiedlichen Gegend fort — der Schieferzone der nördlichen *serras.*

Die sauren Böden begünstigen hier eine ganz anders geartete *matos*-Vegetation als in Kalksteinregionen. Es herrschen Zistrosen vor, insbesondere die Lack-Zistrose (*Cistus ladanifer*), die häufig die sanftgewellten Hügel bedeckt. Manchmal sind die großen weißen Blüten am Ansatz der Blütenblätter mit tiefem Rot bekleckst; wie bei allen Zistrosen halten sie nicht lange und sind nicht so reichlich, um die Hänge mit Blüten zu bedecken. Korkeichen kommen ebenfalls vor und erinnern an vergangene Zeiten, als der Pflanzenbewuchs größtenteils aus Korkeichenwäldern mit Zistrosen als Unterwuchs bestand. Heidekrautgewächse sorgen für einen zusätzlichen Farbton — die weißblühende Baumheide (*Erica lusitanica*) und die rosafarbige *Erica australis,* beide mit einer längeren Blütezeit, sowie dunkelblauer Lavendel (*Lavandula stoechas*).

Die Wanderung beginnt, wo wir den Bus am Hauptplatz von São Bras verlassen. Auf der breiten doppelspurigen Straße (Samstags findet hier Markt statt) folgen wir dem Straßenschild »Sanatório«. Nach **9Min**, am kleinen Kreisel nahe dem Ende der doppelspurigen Straße, biegen wir rechts auf einen breiten Weg. Sogleich gehen wir links einen kleinen steinigen Weg hinauf; rechts verläuft ein kanalisierter Bach. Es beginnt ein stetiger Aufstieg; der Weg stößt auf eine schmale Asphaltstraße. Wir überqueren die Straße und betreten einen von Mauern gesäumten Pfad, der ansteigt und eine weitere Asphaltstraße (**14Min**) kreuzt. Es geht weiter auf dem gegenüberliegenden Pfad bergauf. Der von Mauern gesäumte Pfad führt nach rechts in offeneres Gelände. Nach Osten blicken wir auf die Anhöhe des São Miguel mit ihrem hohen Mast.

Wir gehen geradeaus weiter, wo der Pfad asphaltiert ist und sich beim Abstieg zu einer schmalen Straße verbreitert. Bei Erreichen eines Brunnens (**20Min**) biegen wir links auf eine Straße ein, die auf eine Bergkuppe zuführt. Beim Aufstieg bieten sich neue Ausblicke, insbesondere in Richtung São Bras und Faro. Von der Bergkuppe aus (**24Min**) hat man eine freie Sicht auf das Sanatorium. Hier biegen wir rechts auf einen von Mauern eingefaßten Weg ein. Vier Minuten später treffen wir auf eine Asphaltstraße und biegen rechts ab. Nach einer Minute nehmen wir links den von Mauern eingefaßten Weg; rechts liegt ein Bauernhaus. Bald darauf (**31Min**) gehen wir links einen breiten steinigen Weg hinunter (der Rückweg beider Kurzwanderungen mündet vor uns ein, und Wanderung 18 führt hier geradeaus weiter). Zwischen einigen Olivenhainen wird der Pfad zum Feldweg und verläuft rechts von einem Restaurant. An einer Asphaltstraße (**35Min**) biegen wir rechts ab, um das größtenteils links oben liegende Dorf Tareja zu erreichen. Eine Minute später biegen wir links auf einen Pfad ein, der am Waschhaus vorbeiführt, und folgen dann der Straße nach links, um ins Dorf zu gelangen. Wir gehen rechts herum zu einem Querweg (**37Min**) und biegen links ab. Von hier hat man einen schönen Rundblick nach Norden über sanftgewelltes Hügelland und Täler; die strategische Lage des Dorfes ist unschwer erkennbar. Wir folgen der Straße zwischen den Häusern, bis sie nach rechts schwenkt und eine Minute später endet. Auf einem Fußweg gehen wir in Richtung des vor uns liegenden Bergrückens hinauf — mit Blick nach rechts auf *matos*-bedeckte Hänge und zur Linken auf das bereits durchquerte Tal.

Bald (**39Min**) halten wir uns geradeaus auf dem Pfad, der auf ein kleines Plateau oben auf dem Rücken zuführt (**40Min**). Wir gehen über den Hügel weiter, um die Biegung eines schmalen Weges zu erreichen, den man vor uns sehen kann (**41Min**). Auf diesem sehr holprigen Weg gehen wir geradeaus weiter in die *matos*-Vegetation hinein. An den beiden dicht aufeinander folgenden Linksabzweigungen (**45Min**) gehen wir geradeaus weiter. Der Weg verschmälert sich zu einem steinigen, schwer begehbaren Pfad. Wir gehen zu einem Weg hinab (**53Min**) und hier links weiter (auf Kurzwanderung 2 jedoch nach rechts). Sofort taucht rechts ein Weg auf (er führt zum Fluß); wir halten uns jedoch geradeaus, links an einer alten Ruine vorbei.

Alle Wege führen zum Fluß (Picknick 17; **55Min**; Foto Seite 114). Bei hohem Wasserstand gehen wir nach links, um weiter aufwärts eine leichtere Stelle zum Überqueren zu finden; zur Fortsetzung der Wanderung kehren wir jedoch zum gegenüberliegenden Flußufer zurück. Die Flußlandschaft mit ihren cremefarbenen Narzissen und rosafarbigen Oleandern bietet sich als Picknickplatz an. Hinter dem Fluß schwenken wir nach links herum; dabei halten wir uns dicht an der linken, verfallenen Wassermühle. Wir gelangen zu einem zweiten Fluß und nehmen den Weg, der an der Mühle zum Fluß hinabführt. An der Verzweigung, die wir bald erreichen, halten wir uns rechts. Die Route folgt zunächst dem Verlauf des Flusses, führt aber bald an einem kleinen Wasserloch (linkerhand) und einer Hausruine vorbei (**59Min**) steil bergauf zu einem doppelspurigen Weg. Wir wandern auf dem Gebirgsgrat durch verstreute Korkeichenplantagen. Kurz nach der höchsten Stelle (**1Std07Min**) führt der Weg in eine Niederung, in der ein anderer Weg rechts einmündet. Wir nehmen den Weg nach links in Richtung einer Häusergruppe, die unten an der Straße zu sehen ist. Wir folgen einem schmalen Bergrücken und gehen dann an

seiner linken Flanke zu einer Wiese hinunter. Wir folgen dem kurvigen Weg hinunter zum Fluß, vorbei an einem Haus auf der linken Seite. Wir überqueren den Fluß schräg rechts und gehen rechts am Flußufer entlang weiter; hinter einer Korkfabrik wird unsere Route bald zum Weg. Wir gehen geradeaus weiter, wo ein Weg links einmündet, um auf die Asphaltstraße zu gelangen (**1Std20Min**). Wir folgen ihr nach links, doch vier Minuten später verlassen wir die Straße (nach einem Hochspannungsverteiler auf der linken Seite), um links einen steinigen Pfad zu nehmen, der zum Zusammenfluß von Bächen hinunterführt. Wir überqueren die Bäche vor uns und gehen aufwärts, um auf einen kreuzenden Pfad zu gelangen, auf dem es rechts weitergeht. Diese angenehm-schattige Route führt durch Weingärten und an bäuerlichem Land vorbei.

An einer Verzweigung (**1Std31Min**) halten wir uns links und gehen auf einem steinigen Weg weiter. Eine Minute später kommt eine Asphaltstraße; hier biegen wir rechts ab und wenden uns gleich darauf wiederum rechts auf einen alten, von Mauern eingefaßten Weg. Während wir zu einer Häusergruppe ansteigen (**1Std35Min**), wo die Straße asphaltiert ist, überqueren wir links den Bach auf einer Steinplatte. (Man kann sich auch links auf der Straße halten und dann zweimal nach links biegen.) Wir folgen einem Pfad in die Olivenhaine. Eine Minute später teilt er sich (vor einem Haus); wir halten uns rechts, um auf die Straße zu gelangen, und biegen dann links ab. Wir gehen an der Straße vorbei, die sogleich links kommt, laufen geradeaus weiter zur Straßenkreuzung (**1Std42Min**) und hier rechts hoch. Der Querweg oben auf der Anhöhe (**1Std46Min**) war die 24Min-Stelle unseres Hinweges; hier gehen wir geradeaus weiter, um nach São Bras zurückzukehren (**2Std10Min**).

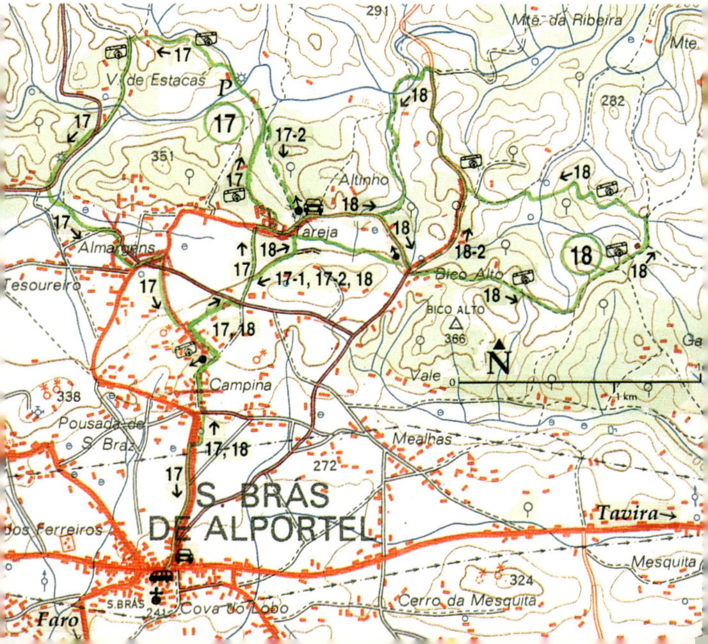

18 SÃO BRAS • BICO ALTO • SÃO BRAS

Siehe Karte Seite 116-117

Entfernung/Gehzeit: 14,5 km; 3Std

Schwierigkeitsgrad: Mittel. Obwohl es auf und ab geht, kommen keine übermäßigen Steigungen vor. Die Wege sind überwiegend gut, manchmal jedoch schwierig und stellenweise steinig.

Ausrüstung: Feste Schuhe oder Stiefel, langärmeliges Hemd, lange Hosen, Sonnenbrille, Sonnencreme, Regenschutz, Proviant, Trinkwasser

An- und Rückfahrt: Siehe Wanderung 17, Seite 114.

Kurzwanderungen: Ausrüstung wie oben.

1 Rundwanderung São Bras (7,8 km; 1Std37Min; leicht). Den ersten 50Min der Hauptwanderung folgen, bis ein Weg abzweigt und rechts ein Brunnen steht. Statt geradeaus weiterzugehen, rechts abbiegen und der Hauptwanderung ab der 2Std12Min-Stelle folgen, um nach São Bras zurückzukehren.

2 São Bras — Bico Alto — São Bras (11,2 km; 2Std20Min; leicht bis mittel). Der Hauptwanderung bis zur Asphaltstraße in Bico Alto folgen (52Min). Hier links abbiegen und der Straße sechs Minuten lang folgen, um die Stelle zu erreichen, an der die Hauptwanderung wieder auf diese Straße einmündet (1Std38Min-Stelle). Ab hier wiederum der Hauptwanderung folgen.

Wie auch Wanderung 17 verläuft diese Wanderung von São Bras nach Norden durch eine landwirtschaftliche Gegend bis Bico Alto. Hier ist die Landschaft mit ihrem vorherrschenden natürlichen Pflanzenbewuchs aus Zistrosen und Korkeichen jedoch völlig unterschiedlich.

Die Korkeiche (*Quercus suber*) ist leicht an ihrer dicken Korkrinde zu erkennen, die an fast allen erwachsenen Bäumen vom Unterstamm abgeschält ist. Der Baum muß ungefähr 25 bis 30 Jahre alt sein, bevor die Rinde zum ersten Mal abgeschält werden kann. Diese »jungfräuliche« Rinde findet besondere Anwendung, zum Beispiel zur Herstellung von Rettungswesten. Das Schälen der Rinde erfolgt von Hand. Zunächst werden waagrechte, dann senkrechte Einschnitte gemacht, um die Rinde in senkrechten Streifen abzunehmen. Der geschälte Stamm leuchtet für einige Zeit in einem intensiven Braunton — bis sich eine neue Korkschicht bildet, die nach vielleicht zehn Jahren dick genug ist, um wieder geschält zu werden. In der Korkverarbeitung (siehe Wanderung 17) werden die sortierten Streifen ein Jahr in die Sonne gelegt, um die öligen Substanzen austrocknen zu lassen. Nachdem sie in Wasser gekocht wurden, werden die nun biegsamen Platten flachgepreßt und in der Sonne getrocknet. In diesem Stadium können sie hinsichtlich ihrer Verarbeitungsmöglichkeiten bewertet werden — von Schuhen bis zu Rettungsringen, und natürlich für Korken. Die Korkverarbeitung gehört zu den wichtigsten Industriezweigen Portugals; Kork ist ein wertvoller Exportartikel.

Wir beginnen die Wanderung am Hauptplatz von São Bras und folgen auf den ersten 31Min den Hinweisen zu Wanderung 17. Statt den steinigen Pfad nach links zu nehmen, gehen wir dann geradeaus auf dem Weg weiter. Der hübsche Frühlingsblüher *Fritillaria lusitanica* ist nirgendwo an der Algarve verbreitet, aber wir sahen ihn hier, versteckt unter den Büschen am

Wegesrand. Unmittelbar nach einem Bungalow rechts oben, endet die rechte Mauer (**35Min**). Hier biegen wir links auf einen Pfad. Dann halten wir uns links, um einen alten Weg aufzunehmen, dem wir zwischen Mauern bergabfolgen. Wo er zugewachsen ist, gehen wir rechts durch eine Mauer, um auf einem parallel verlaufenden Pfad über eine baumbestandene Wiese hinunterzugehen. Wir stoßen auf einen Weg (**37Min**) und biegen links ab; eine Minute später kommen wir zu einer Asphaltstraße und biegen nach rechts. Wir gehen geradeaus über eine Brücke (**38Min**; Kurzwanderung 17-2 kehrt von dem linken Weg über diese Brücke zurück). Wir laufen auf der Straße weiter, die sich zum Weg verschlechtert (**42Min**). An der Linksabzweigung eines Weges gehen wir geradeaus weiter. Links unten sehen wir einen Winterbach. Wir stoßen auf einen

Blick auf die nördliche Landschaft bei Bico Alto; im Vordergrund eine Korkeiche (nach etwa einer Stunde Wanderzeit)

Eine Korksammelstelle; diese hier kommt nach 34Min auf Wanderung 8. Siehe auch Abbildung Seite 37.

holprigen Weg (**47Min**) und biegen nach rechts. Links mündet der Rückweg der Hauptwanderung ein. Wir stoßen auf einen alten, von Mauern eingefaßten Weg und gehen geradeaus weiter, wo ein Weg rechts abzweigt (**50Min**). (Auf Kurzwanderung 1 biegt man hier nach rechts; dieser Weg wird auch im späteren Verlauf der Hauptwanderung als Rückweg benutzt.) Zwei Minuten später kommen wir an einer Asphaltstraße in Bico Alto heraus (auf Kurzwanderung 2 biegt man hier nach links).

Wir überqueren die Straße und gehen auf dem gegenüberliegenden Weg weiter. Er biegt scharf nach links und verläuft kurzzeitig parallel zur Straße. Es beginnt eine Kammwanderung durch Korkeichenplantagen, die herrliche Ausblicke bietet. Wir halten uns geradeaus auf dem breiten befestigten Weg, vorbei an Rechtsabzweigungen — mit Blick auf die nördliche Landschaft (Abbildung Seite 119). Das rosafarbige Heidekrautgewächs *Erica australis* sorgt an verschiedenen Stellen für einen Farbtupfer, aber am interessantesten ist die ungeheure Weite der sanftgewellten Landschaft — noch betont von einer einsamen Pinie *(Pinus pinea)* am Wegesrand. Wir lassen eine Hohlblocksteinhütte links liegen (**1Std14Min**) und gehen gleich darauf links einen kleineren Weg hinunter, um den Abstieg vom Kamm zu beginnen. Nach zwei Minuten gehen wir links durch zwei sehr große Torpfosten hindurch, die völlig einsam inmitten der Wildnis stehen (man kann über die niedrige Kette steigen, falls vorhanden), und gehen auf einem schmalen Weg weiter. Der Weg schwenkt nach rechts (**1Std18Min**), wir jedoch folgen links einem sehr holprigen Feldweg, der ungefähr in Richtung Bico Alto auf einem kleinen Rücken weiterführt.

Kurz vor Erreichen eines kleinen Gipfels, an dem der Weg endet, biegen wir an zwei Grenzsteinen nach links (**1Std 23Min**). Wir folgen dem undeutlichen Pfad auf dem Rücken; eine Reihe 50 cm hoher Grenzsteine dient als Orientierungshilfe. Am zweiten Grenzstein, den wir nach zwei Minuten erreichen, biegen wir scharf nach rechts und gehen weglos direkt zum unteren Rand einer Korkeichenplantage hinunter. Dort treffen wir auf einen undeutlichen Pfad und biegen nach links; er führt schräg zu einem Bachbett hinunter (**1Std 27Min**). Wir durchqueren das trockene Bachbett nach rechts und gehen schräg links auf einem Pfad weiter; er mündet gleich darauf auf einen Feldweg. Dann (**1Std33Min**) gehen wir an der Linksabzweigung geradeaus weiter. Auf stetem Anstieg kommen wir zurück zur Hauptstraße (**1Std38Min**; Kurzwanderung 2 mündet links ein).

Wir folgen der Asphaltstraße nach rechts, die prompt in einen Weg mündet und hinabzuführen beginnt. Links sehen wir jetzt einen Fluß, der sich auf dem Talboden entlangschlängelt. Dann (**1Std49Min**) erreichen wir eine Stelle, an der von beiden Seiten Wege einmünden, und gehen links den schmalen Weg hinunter. Gleich danach folgen wir dem Pfad rechts hinunter zum Fluß. Vorsicht beim Abstieg auf diesem steinigen Gelände, insbesondere auf dem letzten, steilen Abschnitt. Eine Minute später erreichen wir das Flußufer, biegen nach links und halten uns flußaufwärts am Rande einer Korkeichenplantage. Wir erreichen einen Bach (**1Std55Min**), überqueren ihn und biegen dann links auf einen holprigen Weg ein, der am Bach entlangführt und sich vom Fluß entfernt. Zwei Minuten später schwenkt der Weg vom Bach weg, doch halten wir uns geradeaus, überqueren den Bach und gehen am gegenüberliegenden Ufer hinauf.

Wir müssen von der einen auf die andere Bachseite wechseln (Vorsicht vor Ringelnattern), bis auf der rechten Seite ein deutlicherer Pfad kommt (**2Std01Min**). Wir beginnen das Tal zu verlassen und stoßen (**2Std06Min**) auf einen holprigen Weg, dem wir nach rechts folgen; es kommt ein kurzer, steiler Aufstieg mit schöner Aussicht auf den Bach und das Tal, durch das wir gerade gekommen sind. Nachdem wir an einem Weg (rechts) vorbeikommen und uns dem Ende dieses Aufstiegs nähern, befinden wir uns für kurze Zeit auf einem Wegstück, das wir schon einmal gegangen sind. Bald (**2Std12Min**) erreichen wir den Weg mit dem rechten Brunnen und biegen rechts auf den baumgesäumten Weg ein; Tareja liegt vor uns. Links kommt eine Mauer mit roten Lüftungssteinen (**2Std21Min**): Hier biegen wir links auf einen Pfad ein (die Mauer befindet sich nun rechts). Wir sind wieder auf unseren Hinweg (an der 37Min-Stelle) gekommen und gehen den gleichen Weg nach São Bras zurück (**3Std**).

Eine Schirmpinie beschattet schön gepflügte Felder (nach 1Std Wanderzeit)

19 STAATSFORST TAVIRA

Entfernung/Gehzeit: 8,0 km; 1Std46Min

Schwierigkeitsgrad: Leicht bis mittel. Die Wanderung führt über ziemlich leicht begehbare Wege (abgesehen von einem verzwickten Abstieg zum Schluß, um den Fluß zu überqueren). Der einzige bedeutende Aufstieg führt zum Gipfel hinauf.

Ausrüstung: Feste Schuhe/Stiefel, langärmeliges Hemd, lange Hosen, Sonnenbrille, Sonnencreme, Regenschutz, Proviant, Trinkwasser

An- und Rückfahrt: Nur 🚗. Von Faro in östliche Richtung auf der EN125 fahren und etwa 3 km hinter der Brücke bei Tavira nach dem großen »Eurotel« Ausschau halten. 300 m hinter dem Hotel links auf eine Straße abbiegen, die nach »Pension« und (weniger deutlich) »Mata Nacional« (Nationalpark) ausgeschildert ist. Bald nach rechts schwenken, um auf der Brücke den Bach zu überqueren, und weiter geradeaus. Bei einer Straßenverzweigung links halten (2,9 km von der Hauptstraße; Achtung Stoppschild!). Die Autobahn unterqueren und dann auf dem offenen Gelände parken (4,7 km von der Hauptstraße); oben links steht ein Haus.

Kürzere Wanderungen: Ausrüstung wie oben.

1 5 km; 1Std05Min; leicht. Entsprechend der Hauptwanderung durch den Einschnitt wandern (27Min). Zwei Minuten später — direkt vor einer Ruine (links) — rechts nach einem Pfad Ausschau halten und ihm durch ein gewundenes Tal folgen. Bald überqueren wir den Bach, um auf seiner linken Seite weiterzugehen. Der Pfad ist etwas zugewachsen, aber gut passierbar. Nach sieben Minuten kommen wir zu einem Weg hinauf; ihn überqueren und auf dem direkt gegenüberliegenden Weg weitergehen. Diesen grasbewachsenen Weg hinuntergehen. Nach 17 Minuten erreichen wir wieder den Hinweg an der Furt, von wo aus wir zum Auto zurückgehen.

2 5,7 km; 1Std10Min; leicht bis mittel. Der Hauptwanderung bis zum Einschnitt folgen (27Min), dann den Weg nehmen, der direkt dahinter rechts abzweigt. Diesen Weg sechs Minuten hinaufgehen, bis links ein Weg einmündet. Hier kommen wir geradeaus wieder auf die Hauptwanderung; ihrer Routenbeschreibung ab der 51Min-Stelle folgen. Sechs Minuten später erreichen wir eine Stelle, von der aus man einen Abstecher zum Gipfel machen kann (weitere 1 km/20Min).

3 6,5 km; 1Std20Min; leicht. Der Hauptwanderung bis zur Wegverzweigung (51Min) folgen. Dann rechts (statt links) abbiegen und

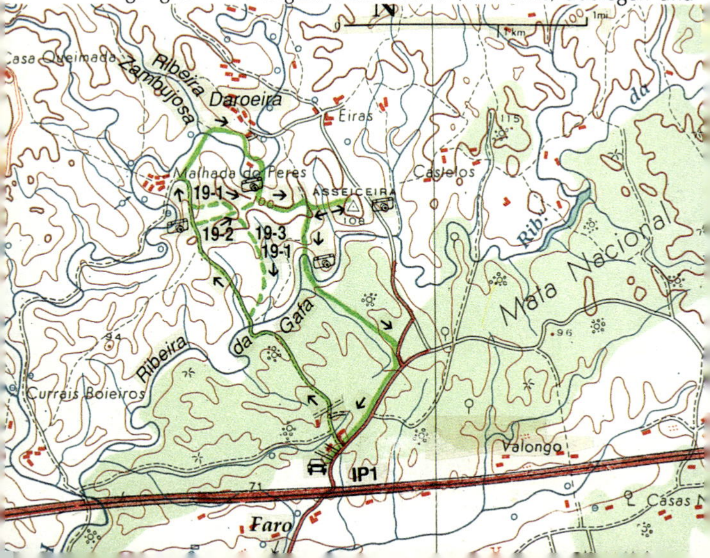

nach einer Minute den linken, grasigen Weg nehmen. Innerhalb von zehn Minuten führt er uns zur Furt hinunter (16Min-Stelle der Hauptwanderung). Ab hier zum Auto zurückgehen.

4 7 km; 1Std26Min; leicht bis mittel. Der Hauptwanderung folgen, aber den Abstecher zum Gipfel weglassen (an der 57Min-Stelle).

Der »Mata Nacional« ist kein riesiges Waldgebiet, wie der Name vermuten läßt, sondern lediglich eine ziemlich ausgedehnte Anpflanzung von vereinzelten Eukalyptusbäumen. Unsere Wanderung führt uns rasch hindurch in die sich anschließende liebliche Landschaft. Die *matos*-bedeckten Hügel, hinter denen sich kleine Dörfer verstecken, scheinen im Unendlichen auszulaufen und sind an klaren Tagen äußerst fotogen. Der Panoramablick vom Gipfel lohnt den Abstecher.

Vom Parkplatz **gehen wir zunächst** auf der Asphaltstraße weiter. Nach **3Min** biegen wir links auf eine asphaltierte Straße ab, die sich nach einem ausgedienten Autobahndepot zur Rechten wieder als Weg fortsetzt. An der Wegkreuzung (**7Min**) gehen wir geradeaus weiter. Der Weg windet in einem sanften Abstieg zur Furt über die Ribeira da Gafa hinunter (**16Min**). Wir überqueren sie auf Steinen und gehen auf dem Weg dahinter weiter (der grasbewachsene rechte Weg ist der Rückweg von Kurzwanderung 1 und 3). Wir gehen auf dem Hauptweg vom Fluß hinauf (den Wald lassen wir hinter uns), um weitere freie Ausblicke zu genießen. Rechts oben kann man den trigonometrischen Meßpunkt auf dem Gipfel der Asseiceira (108 m) erkennen, der fast ganz von einer Villa verdeckt ist. *Dies prägen wir uns jetzt ein,* denn später verdeckt die Villa ihn vollständig.

Es kommen nun einige Steigungen, bis wir einen Einschnitt erreichen (**27Min**). Dahinter bekommt man einen ersten Vorgeschmack auf den Panoramablick, den man von nun an genießen kann. Der Weg hinter dem Einschnitt nach rechts ist die Route von Kurzwanderung 2, aber die Hauptwanderung führt geradeaus weiter — unten links erblicken wir das Dorf Malhada (Abbildung auf der nächsten Seite). Nach etwa zwei Minuten kommen links Ruinen (Kurzwanderung 1 verläßt die Hauptwanderung direkt vor diesen Ruinen auf einem Pfad nach rechts). Wir erreichen eine Wegverzweigung (**34Min**). Wir biegen rechts ab (rechts stehen die Überreste einer runden Hütte) und steuern auf das Dorf Daroeira zu, das bald in Sicht kommt. Dann (**39Min**) kreuzt ein kleiner Fluß (Ribeira da Zambujosa) den Weg; wir benutzen die Trittsteine. Eine Minute später biegen wir an der Wegverzweigung rechts ab. Links liegt jetzt Daroeira ganz nahe, aber wir halten uns an der nächsten Wegverzweigung (**43Min**) rechts und lassen das Dorf rasch hinter uns. Ein kurzer Anstieg, und wir befinden uns oberhalb des Flusses Zambujosa (er liegt jetzt rechts); dann geht es wieder hinunter, um ihn nochmals zu überqueren (**46Min**).

Während wir steil vom Fluß aufsteigen, haben wir einen schönen Blick zurück auf das Dorf Daroeira. Oben auf der Anhöhe treffen wir auf einen Weg und biegen nach links (**51Min**;

Nach dem Einschnitt (27Min Gehzeit) genießt man schöne Ausblicke, die typisch sind für diese Tour. Unten liegt das Dorf Malhada.

auf Kurzwanderung 3 nach rechts). Von diesem hochgelegenen Weg genießt man weitere schöne Ausblicke. Wir nähern uns dem Gipfel der Asseiceira (verdeckt von der Villa), biegen rechts auf einen holprigen Weg ein (**57Min**) und gehen in Richtung der beiden Johannisbrotbäume hinunter. Der Abstecher zum Gipfel beginnt, wo wir diese Bäume erreichen. Hier gehen wir links die schmale Erosionsrinne hinunter (in Richtung des Gipfels); auf dem steinigen Untergrund ist Vorsicht geboten. Vom Boden der Erosionsrinne steuern wir zwischen *matos* (rechts) und einem Mandelhain (links) auf den Gipfel zu; dabei halten wir uns links von der Villa. Wir erreichen ihn (108 m; **1Std07Min**) und genießen einen phantastischen Rundblick.

Wir kehren zu den beiden Johannisbrotbäumen zurück und gehen den steinigen Weg in Richtung Tal hinunter. Er führt einen Sattel entlang (**1Std21Min**), von dem aus wir rechts den weiterführenden Weg jenseits des Flusses erkennen können. Wir verlassen den Sattel und gehen auf einem unscheinbaren Pfad rechts zu einem Feld hinunter. Oberhalb des Feldes wenden wir uns nach rechts und gehen in Richtung der Flußschleife weiter, die wir nach vier Minuten erreichen. Dann gehen wir links am Fluß entlang, um bis auf die Höhe des Wasserspiegels hinunterzukommen, ehe wir nach rechts zurückgehen, um eine geeignete Stelle zum Überqueren zu finden (man kann Steine oder den umgefallenen Baumstamm als Brücke benutzen). Wir gehen am gegenüberliegenden Flußufer hoch, um den Weg zu erreichen, und gehen zurück in Richtung des lichten Waldes; an der Verzweigung halten wir uns links. Wir stoßen auf eine Asphaltstraße (**1Std38Min**) und biegen rechts ab; bald kommt eine Verzweigung, an der wir wiederum rechts abbiegen, um acht Minuten später das Auto zu erreichen (**1Std46Min**).

Burg (Picknick 20) soll schon zur Zeit der Römer angelegt worden sein; im 14. Jh. diente sie den Christusrittern als Domizil, bis es nach Tomar verlegt wurde. Das Erdbeben von 1755 zerstörte die Burg weitgehend, obwohl noch Teile erhalten sind. Die heutige Burg wurde unter König Afonso III. errichtet. Man kann im Inneren herumschlendern, um die alten Mauern zu besichtigen und die beherrschende Lage zu genießen — mit Blick über den Rio Guardiana nach Ayamonte in Spanien. In der Burg gibt es ein Informationszentrum über das Naturschutzgebiet.

Das Naturschutzgebiet umfaßt den Bereich der Salinen südlich und östlich der Stadt. Salinen dienen der Salzgewinnung. Sie werden mit Meerwasser gefüllt, das anschließend durch Sonneneinstrahlung und starke Küstenwinde verdunstet, bis das Salz schließlich auskristallisiert. Mit ihren langen heißen Sommern ist die Algarve ideal für die Salzgewinnung nach dieser Methode, und ihre Geschichte reicht mehr als 2500 Jahre zurück — in jene Zeit, als Salz erstmals zur Haltbarmachung von Fisch gewonnen wurde. Castro Marim war ein besonders bedeutendes Produktionszentrum; eine Untersuchung aus dem Jahre 1791 zeigt, daß es allein in dieser Region 185 aktive Salinen gab. Heute sind sie zahlenmäßig stark reduziert, aber die verbliebenen sind wertvolle Feuchtgebiete für die Tier- und Pflanzenwelt, vor allem für Reiher und Störche. Auf dieser Wanderung kommen insbesondere Vogelbeobachter auf ihre Kosten: Zu den Vögeln, die man je nach Jahreszeit antrifft, gehören große Flamingoschwärme (*Phoenicopterus ruber*), der hübsche schwarzgeflügelte Stelzenläufer (*Himantopus himantopus*) — das Symbol der Naturschutzgebietes, der Weiße Storch (*Ciconia ciconia*) und eine Palette anderer Vögel. Zu den weiteren Besuchern gehören verschiedene Wasserläufer (z.B. der Alpenstrandläufer *Calidris alpina*), Regenpfeifer (z.B. *Charadrius hiaticula*) und der Säbelschnäbler (*Recurvirostra avosetta*).

Die hier beschriebene Route stellt die *einzige* Rundwanderung durch das Schutzgebiet dar, und es ist nicht möglich, den Weg über die Dämme abzukürzen, die die Salinen unterteilen. Ein solcher Versuch ist gefährlich, und man muß den gleichen Weg zurückgehen.

Die Wanderung beginnt an der Hauptstraße genau südlich von Castro Marim (22 Minuten Gehzeit vom Zentrum) und 1,6 km nördlich der EN125. Wir folgen dem Weg nach Westen, der an der Südseite eines Weinbergs verläuft. Nach **3Min** lassen wir ein verfallenes Gebäude links liegen und gehen in Richtung der Salinen. Links kommt der Fluß besser in Sicht. Der Flußlauf schwenkt nach links (**11Min**); auf dem linken Pfad verläuft später unser Rückweg. Die Oliven- und Johannisbrotbäume auf der rechten Seite kontrastieren mit den flachen Salinen zur Linken. Die Flamingos kommen normalerweise in einem großen Schwarm vor und sind daher in der Weite der großen Lagunen leicht zu entdecken. Wir halten uns auf dem Hauptweg, während wir nach rechts schwenken und eine schöne Sicht auf Castro Marim erhalten (Foto Seite 32-33). Wir treffen auf den Fluß (**24Min**) und schwenken nach

20 NATURSCHUTZGEBIET CASTRO MARIM

Entfernung/Gehzeit: 11,6 km; 2Std15Min

Schwierigkeitsgrad: Mittel. Diese Wanderung bietet nicht die Abwechslung einer sanftgewellten Landschaft; sie führt ständig auf gleicher Höhe entlang, was sehr ermüdend sein kann. Ein Fußweg gegen Ende der Wanderung erfordert etwas Gewandtheit.

Ausrüstung: Feste Schuhe oder Stiefel, langärmeliges Hemd, lange Hosen, Fernglas, Sonnenbrille, Sonnencreme, Regenschutz, Proviant, Trinkwasser

Anfahrt: 🚌 von Faro nach Vila Real de Santo António (Fahrplan 8). Fahrzeit 1Std40Min. Dann ein Taxi nach Castro Marim nehmen (eine kurze Fahrt von 3 km). Man biegt direkt außerhalb von Vila Real von der Hauptstraße EN125 ab; der Startpunkt der Wanderung kommt nach 1,6 km links an dieser Straße — vor dem ersten Weingarten (ebenfalls links). 🚂 von Faro nach Vila Real. Fahrzeit je nach Anzahl der Bahnhöfe zwischen 1Std18Min und 1Std44Min (Fahrplan 9). Dann ein Taxi nehmen (3 km; siehe oben). 🚗: Castro Marim liegt genau nordwestlich von Vila Real; siehe Autotour 4 für Hinweise zur Anfahrt. Direkt außerhalb von Vila Real von der Hauptstraße EN125 auf die EN122 in Richtung Norden abbiegen. Nach etwa 1,6 km an dem verfallenen Gebäude unten am linken Weg parken.
Rückfahrt: Nach Castro Marim wandern und von hier mit dem Taxi zum Bus oder Zug (Fahrplan 8, 9) in Vila Real zurückkehren, von wo es nach Faro weitergeht.

Kürzere Wanderung: 9,8 km; 1Std45Min. Schwierigkeitsgrad und Ausrüstung wie oben. Der Hauptwanderung bis zum Wegtor (53Min) folgen und auf dem gleichen Weg zurückkehren. Dies hat den Vorteil, daß der schwierigere Pfad im späteren Verlauf der Wanderung vermieden wird, während man zugleich das Schönste des Naturschutzgebietes zu sehen bekommt.

Obwohl die Wanderung südlich von Castro Marim beginnt, lohnt sich eine Stadtbesichtigung — entweder zu Beginn oder am Ende der Wanderung. Wer mit öffentlichen Verkehrsmitteln anreist, sollte sie sich für den Schluß der Wanderung aufheben, so daß man von dort ein Taxi zurück nach Vila Real nehmen kann. Die die Stadt beherrschende

ist sorgfältige Beinarbeit erforderlich. Achtung: Der gute Weg zur Linken schwenkt schließlich (**1Std55Min**) in Richtung Salzfabrik ab, während unser Pfad zwei Minuten später auf einen breiten Pfad trifft. Wir biegen hier rechts ab, um in Richtung Hinweg zurückzugehen. Dann (**2Std04Min**) stoßen wir auf den Hinweg; eine scharfe Biegung nach rechts führt uns zurück zur Straße (**2Std15Min**).

Man sieht bekannte Nutzpflanzen wie diese Mandelbäume — in großer Unterschied zu den Pflanzen, die in der Nähe der Salinen wachsen, wo ausschließlich salztolerierende Pflanzen wie Gliedermelden (Arthrocnemem sp.) und Queller (Salicornia sp.) gedeihen.

Diese großen Salinen (Produktionseinheiten zur Salzgewinnung) sehen wir zu Beginn der Wanderung. Der Flamingoschwarm ist hier oft zu beobachten, doch wenn die Vögel zu häufig von Besuchern gestört werden, wandern sie in den ruhigeren Westteil des Schutzgebietes ab. Wenn man den kompletten Rundgang macht, wird man sie in jedem Fall irgendwo unterwegs beobachten können.

links; hier sind wir am dichtesten an der Burg. Wir bleiben weiter auf dem Hauptweg; in den flacheren Wasserbereichen sind Watvögel zu sehen, und bei kräftiger Sonne lassen sich die Störche von thermischen Aufwinden tragen.

Schließlich (**42Min**) nähern wir uns der Salzfabrik (auf der linken Seite). Wir bleiben auf dem Weg, um einen Querweg zu erreichen (**53Min**), an dem ein Tor* schräg über den Weg führt. Wir gehen geradeaus durch das Tor weiter. Ab hier windet sich der Weg zwischen Deichen durch die Salinen. Vila Real liegt zeitweilig vor uns am Horizont, aber dann schwenken wir nach links und Castro Marim kommt wieder in Sicht. Wir folgen dem Weg zu einer weißen Pumpstation, erreichen sie (**1Std32Min**) und biegen links ab, um auf einem Deich weiterzugehen. Der Fluß liegt rechts ganz in der Nähe, genau dahinter die Bahnlinie. Zeitweilig wird man sich fragen, ob man sich noch auf der richtigen Route befindet, da der Pfad ziemlich überwachsen ist; die Böschung besteht aus Gelbem Sauerklee *(Oxalis pes-caprae)*. Auch der sehr gute Weg könnte verunsichern, der linkerhand parallel auf dem Damm verläuft ... wenn wir uns jedoch am Flußufer halten, führt uns dieser Pfad wieder auf den Hinweg zurück.

Wir folgen dem Flußufer; wo der Pfad besonders stark überwachsen ist, gehen wir den Weg des geringsten Widerstandes. Das Gehen ist nicht schwierig, aber von Zeit zu Zeit

*Dieses Tor ist manchmal abgeschlossen. Wie wir erfahren konnten, soll dies nur Fahrzeuge fernhalten und gilt nicht für Wanderer. Wenn es abgeschlossen ist, steigt man einfach über das Tor oder die Mauer — oder umgeht durch den Graben die Mauer.

6 Faro — Estói — São Bras

Abfahrtzeiten (werktags)

Faro	Estói	São Bras de Alportel *Ankunft*	São Bras de Alportel *Abfahrt*	Estói	Faro
07.45	08.05	08.20	07.00	07.21	07.42
09.00	09.15a	09.27	07.10	07.20a	07.38
10.15	10.35	11.05	~~00.00~~	07.25	07.43
12.10	12.36	~~00.00~~	08.15	08.25a	08.43
12.35	12.57	~~00.00~~	~~00.00~~	08.25	08.47
13.35	13.55	14.15	09.50	10.05	10.25
16.30	16.50	17.05	12.35	12.50	13.10
17.30	17.48	17.58	~~00.00~~	13.00	13.22
18.25	18.47	19.08	~~00.00~~	13.30	13.48
18.30	18.50	19.05	14.15	14.30	14.48
18.40	18.58a	~~00.00~~	15.20	15.35	15.55
19.15	19.37	~~00.00~~	17.05	17.20	17.40
19.20	19.39a	19.50	~~00.00~~	18.15	18.35
			18.45	19.00	19.20

Abfahrtzeiten (Wochenende)

Faro	Estói	São Bras de Alportel *Ankunft*	São Bras de Alportel *Abfahrt*	Estói	Faro
07.45b	08.05b	08.20	~~00.00~~	07.25	07.45
09.00	09.15a	09.27	07.10	07.26a	07.45
09.00c	09.25c	~~00.00~~	~~00.00~~	08.25b	08.49
12.35	12.51	13.06	09.50b	10.05b	10.25
13.35b	13.57b	~~00.00~~	13.25	13.40	14.00
16.30	16.50	17.05	14.15b	14.30	14.50
18.15b	18.35b	18.50b	17.05	17.20	17.40
19.20	19.45	20.00	19.30c	19.45	20.05

a = Bus fährt nicht nach Estói hinein, aber hält an der Kreuzung etwa 1 km entfernt - günstig für den Besuch der römischen Ruinen und für Wanderung 16

b = nur Samstag

c = nur Sonntag

~~00.00~~ = hält nicht

7 Albufeira — Paderne

Täglich

Fahrzeit: Albufeira — Paderne 21Min

Abfahrt Albufeira 07.40a; 10.40a. 12.35a; 13.40; 15.50c; 16.45c; 17.30; 18.15; 19.19

Abfahrt Paderne 07.10; 08.10a; 08.15d; 09.55a; 12.30a; 13.10b; 14.45; 17.45a; 17.51

a = außer Samstag und Sonntag

b = außer Sonntag

c = Werktage im Sommer

d = nur am Wochenende

8 Faro — Tavira — Vila Real de Santo António

Täglich

Fahrzeit: Faro — Tavira 1Std, Faro — Vila Real 1Std40Min

Abfahrt Faro 7.15; 8.00a; 9.00; 11.00; 12.45; 15.15; 16.35; 17.40a; 18.20; 19.30a

Abfahrt Vila Real 7.05a; 8.15; 9.40a; 10.40; 12.10; 14.30; 16.30; 16.30; 17.30; 18.30a

a = außer Samstag, Sonntag und Feiertag

9 Zugfahrplan Lagos — Vila Real

Hier ein Auszug aus dem Gesamtfahrplan, der an den meisten Bahnhöfen und einigen Tourist-Informationen erhältlich ist. Die folgende Liste enthält alle Züge, allerdings nicht alle Bahnhöfe.

Lagos	Portimão	Silves	Albufeira	Faro	Tavira	V Real
~~00.00~~	~~00.00~~	~~00.00~~	05.21	06.15	07.05	07.44
~~00.00~~	~~00.00~~	~~00.00~~	07.03	08.00	08.52	09.37
06.10	06.40	06.59	07.47	08.30	~~00.00~~	~~00.00~~
07.15	07.31	07.45	08.16	08.55	09.29	09.54
07.55	08.29	08.48	09.23	10.10	~~00.00~~	~~00.00~~
09.33	09.57	10.13	10.46	~~00.00~~	~~00.00~~	~~00.00~~
~~00.00~~	~~00.00~~	~~00.00~~	~~00.00~~	10.15	11.04	11.48
~~00.00~~	~~00.00~~	~~00.00~~	~~00.00~~	12.12	13.00	~~00.00~~
~~00.00~~	~~00.00~~	~~00.00~~	12.31	13.02	13.38	14.07
12.15	12.33	12.49	13.19	~~00.00~~	~~00.00~~	~~00.00~~
13.30	13.52	14.14	~~00.00~~	~~00.00~~	~~00.00~~	~~00.00~~
~~00.00~~	~~00.00~~	~~00.00~~	15.03	16.03	16.50	17.40
14.15	14.48	15.09	15.49	16.45	~~00.00~~	~~00.00~~
18.20	18.36	18.50	19.25	19.56	20.30	20.55
19.12	19.42	20.06	20.49	21.35	22.17	22.53

V Real	Tavira	Faro	Albufeira	Silves	Portimão	Lagos
05.30	06.03	06.45	07.27	08.12	08.30	08.53
06.35	07.09	07.52	08.33	~~00.00~~	~~00.00~~	~~00.00~~
07.50	08.17	08.57	09.24	09.47	09.59	10.15
08.55	09.31	10.25	11.11	12.09	12.32	12.59
10.20	11.05	11.51	~~00.00~~	~~00.00~~	~~00.00~~	~~00.00~~
~~00.00~~	~~00.00~~	12.20	13.18	13.55	14.19	14.44
12.40	13.07	13.46	~~00.00~~	~~00.00~~	~~00.00~~	~~00.00~~
14.20	15.00	15.53	16.49	~~00.00~~	~~00.00~~	~~00.00~~
16.15	16.49	17.30	17.57	~~00.00~~	~~00.00~~	~~00.00~~
~~00.00~~	~~00.00~~	17.45	18.38	19.19	19.40	20.07
16.55	17.43	18.35	~~00.00~~	~~00.00~~	~~00.00~~	~~00.00~~
17.55	18.26	19.06	19.40	20.08	20.16	20.30
19.05	19.54	20.50	21.36	~~00.00~~	~~00.00~~	~~00.00~~
21.40	22.16	23.00	23.35			

~~00.00~~ = hält nicht

Ortsregister

Es wurden lediglich Ortsnamen aufgenommen; thematische Stichwörter siehe Inhaltsverzeichnis Seite 3. *Kursive* Ziffern verweisen auf eine Karte, **fettgedrucke** Ziffern auf eine Abbildung. Beide können zusätzlich zur Textstelle auf derselben Seite vorkommen. Die betonte Silbe ist fett gedruckt, die Unterstreichung bedeutet, daß der Vokal leicht nasaliert wird.

FAHRPLÄNE FÜR BUSSE UND BAHNEN

Die Gesellschaft Eva Transportes betreibt lokale Buslinien in der gesamten Algarve sowie Überlandbusse nach Lissabon, Porto und viele andere größere Städte in Portugal. Ihr buntes Logo in Gelb, Grün und Blau zusammen mit dem Wort Eva kennzeichnet sowohl die Busse als auch die Haltestellen. Die kleinere Busgesellschaft Froto Azul betreibt Linien von Portimão nach Monchique und gemeinsam mit Eva eine Linie nach Silves. Auf Anfrage erhält man oft gedruckte Fahrpläne an den größeren Busbahnhöfen, wenn sie nicht gerade wieder vergriffen sind. Zumindest sind die Fahrpläne an den Busbahnhöfen und Tourist-Informationen ausgehängt, so daß es sinnvoll ist, immer etwas zum Aufschreiben der Fahrzeiten parat zu haben.

Fahrpläne können sich jederzeit ohne Ankündigung ändern, daher sollte man immer die Abfahrtszeit überprüfen und sich nicht nur auf die hier abgedruckten Fahrpläne verlassen. Die Buslinien haben keine Nummern, doch wird die Endhaltestelle vorne angezeigt — vor dem Einstieg überprüfen.

Für einige Busfahrten muß das Ticket vor Fahrtantritt gekauft werden, insbesondere dann, wenn man an einer größeren Bushaltestelle einsteigt; ansonsten bezahlt man im Bus. Bei einigen Strecken gibt es auf Rückfahrkarten 15% Rabatt. Bei Langstreckenfahrten ist es üblich, die Tickets im voraus zu kaufen. Falls man nicht in der Nähe einer Bushaltestelle wohnt, kann man sich die Tickets auch durch eine benachbarte Reiseagentur besorgen lassen; von der Tourist-Information erfährt man, wo sie sich befindet.

In der untenstehenden Liste verweisen die Nummern, die den Ortsnamen folgen, auf die **Busfahrplannummern** (außer Nr. 9, einem **Zugfahrplan**). Der Zug ist wesentlich billiger als der Bus, häufig jedoch sehr viel langsamer.

Albufeira 5, 7, 9
Albufeira (Bahnhof) 9
Burgau 1
Caldas de Monchique 3
Estói 6
Faro 6, 8, 9
Lagoa 4, 9
Lagos 1, 2, 9
Luz 1
Monchique 3
Paderne 7
Portimão 3, 4, 9
Sagres 2
Salema 2
São Bras de Alportel 6
Silves 4, 5, 9
Tavira 8, 9
Vila Real de SA 8, 9

Die Fahrpläne beginnen auf der nächsten Seite.

1 Lagos — Luz — Burgau

Täglich

Fahrzeit: Lagos — Luz 15Min; Lagos — Burgau 22Min

Abfahrt Lagos 06.55a; 09.00; 09.45b; 11.15; 13.05; 14.55; 16.35; 18.20; 19.25

Abfahrt Burgau 07.33a; 09.48; 10.08b; 11.59; 14.28; 15.48; 17.03; 17.16; 19.03

a = außer Sonntag; b = nur Sonntag

2 Lagos — Salema — Sagres

Täglich

Fahrzeit: Lagos — Salema 32Min, Lagos — Sagres 1Std05Min

Abfahrt Lagos 09.10; 10.50; 15.00; 18.00; 18.30a; 19.30a; 20.35

Abfahrt Sagres 07.40; 08.20b; 12.05; 17.20c; 18.25a; 19.10; 19.35a

a = täglich im Sommer außer Samstag und Sonntag vom 16. September bis 30. Juni
b = außer Sonn- und Feiertagen
c = nicht Samstag und Sonntag

3 Portimão — Monchique

Täglich

Portimão (Abfahrt)	09.00, 10.00, 11.15, 14.15, 17.15, 18.15, 19.30
Caldas de Monchique	~~00.00~~, ~~00.00~~, ~~00.00~~, 14.45, ~~00.00~~, ~~00.00~~, 20.02
Monchique (Ankunft)	09.32, 10.32, 11.47, 15.00, 18.00, 18.47, 20.17
Monchique (Abfahrt)	07.00, 08.00, 10.00, 12.30, 14.00, 15.30, 18.15
Caldas de Monchique	07.16, ~~00.00~~, ~~00.00~~, ~~00.00~~, 14.16, 15.46, ~~00.00~~
Portimão (Ankunft)	07.45, 08.45, 10.38, 13.08, 14.45, 16.15, 18.53

~~00.00~~ = hält nicht

4 Portimão — Lagoa — Silves

Täglich

Fahrzeit: Portimão — Lagoa 20Min, Portimão — Silves 35Min

Abfahrt Portimão 08.30a; 08.55; 09.35; 10.45a: 11.30a; 12.00; 13.10a; 13.30a; 14.00; 14.30a; 15.50; 17.456; 18.35a; 19.10

Abfahrt Silves 07.20a; 07.25a; 08.05; 08.20a; 09.00; 10.30; 11.05; 13.20a; 14.20a; 15.00a; 16.30a; 18.00

a = außer Samstag und Sonntag

5 Albufeira — Silves

Täglich

Fahrzeit: Albufeira — Silves 42Min

Abfahrt Albufeira 07.30b; 08.30a; 09.45b; 12.35; 14.15; 17.15b; 17.25a; 18.45

Abfahrt Silves 06.43; 07.48c; 09.00b; 10.30b; 13.30; 16.30b; 18.00

a = täglich im Sommer außer Samstag und Sonntag vom 16. September bis 30. Juni
b = täglich im Sommer außer Sonntag vom 16. September bis 30. Juni
c = außer Samstag und Sonntag